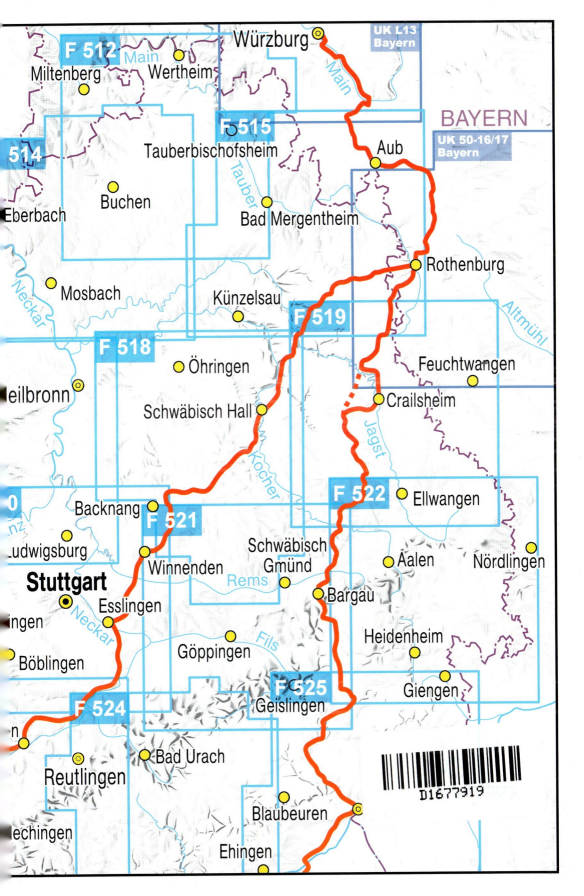

Hilde Nittinger

Bäume am Jakobsweg

zwischen Main und Bodensee

Hilde Nittinger

Bäume am Jakobsweg

zwischen Main und Bodensee

BAIER VERLAG

Alle Rechte vorbehalten
Copyright © 2011
BAIER BPB VERLAG, Crailsheim
www.baier-verlag.de
Satz: Hansjörg Wirth
Umschlaggestaltung: Tanja Kling
ISBN: 978-3-942081-05-4

Inhalt

Einführung	7
Fränkisch – Schwäbischer Jakobsweg: Würzburg – Ulm	9
Würzburg – Ochsenfurt: Im Maintal	10
Ochsenfurt – Aub: Im Ochsenfurter Gau	16
Abstecher: Aub – Burgerroth – Aub: Zur Kunigundenlinde	21
Aub – Uffenheim – Rothenburg: Gollachgau und Endseer Berg	25
Rothenburg – Bettenfeld: Im Schandtaubertal	31
Bettenfeld – Wallhausen: Im Vorland der Frankenhöhe	37
Wallhausen – Crailsheimer Burgberg: Jagsttal und Burgberg	43
Variante: Über den Reußenberg zum Burgberg	51
Burgberg – Hohenberg: Speltachtal und Fleckenbacher See	53
Auf dem Hohenberg	60
Hohenberg – Hohenstadt: Virngrund und Tal der Blinden Rot	67
Hohenstadt – Bargau: Im Vorland der Ostalb	73
Bargau – Böhmenkirch: Am Albtrauf und auf dem Albuch	78
Böhmenkirch – Ettlenschieß: Auf der Stubersheimer Alb	88
Ettlenschieß – Scharenstetten: Im Oberen Lonetal	95
Scharenstetten – Ulm: Ulmer Alb und Ulm a. d. Donau	103
Oberschwäbischer Jakobsweg: Ulm – Konstanz	109
Ulm – Oberdischingen: Auf dem Erbacher Albrand	110
Oberdischingen – Äpfingen: Im Hügelland der unteren Riß	116
Äpfingen – Steinhausen: Im Riß – Aitrach – Schottergebiet	123
Steinhausen – Bad Waldsee: Auf dem Jungmoränenwall	130
Bad Waldsee – Weingarten: Oberschwäb. Hügelland und Altdorfer Wald	137
Weingarten – Meersburg – Konstanz: Schussental und Bodensee	142

Tauber – Neckar – Jakobsweg: Rothenburg – Tübingen 149
   Rothenburg – Schrozberg: Auf der Hohenloher Ebene 150
   Schrozberg – Langenburg: Weiter in Hohenlohe – Franken 156
   Langenburg – Schwäb. Hall: Jagsttal – Kochertal und Haller Ebene ... 166
   Schwäb. Hall – Oppenweiler: Rosengarten – Mainhardter und
   Murrhardter Wald 172
   Oppenweiler – Esslingen: Backnanger Bucht, Remstal und Schurwald 177
   Esslingen – Tübingen: Auf den Fildern und im Schönbuch 183

Neckar – Untersee – Weg: Tübingen – Stockach – Konstanz 191
   Tübingen – Balingen: Spitzberg, Rammert und Vorland der Westalb.... 192
   Balingen – Beuron: Südwestalb mit Bäratal 199
   Beuron – Meßkirch – Wald: Hegaualb und Donau-Ablach-Gebiet...... 205
   Wald – Stockach: Im Alt- und Jungmoränenland.................................. 210
   Variante: Über Pfullendorf nach Überlingen: Durch den Linzgau 215
   Stockach – Konstanz: Vom Überlinger See zum Untersee 217

Literatur 228
Baumregister 230
Ortsregister 232

Einführung

Baum und Pilger gehören von jeher zusammen, denn Bäume spenden Schatten und geben auch heute noch Orientierung im Gelände und schenken als Alleebäume dem Pilgerweg Geleit.

Bäume sind nicht nur ein Stück Natur, wofür sie im Allgemeinen gehalten werden, sie sind auch ein Kulturgut, was nicht nur für Kirchen- und Kapellenbäume gilt, auch für Haus- und Hofbäume, für Dorflinden und Flurbäume. Heute steht die ästhetische Betrachtung alter Bäume im Vordergrund, was nicht darüber täuschen sollte, dass Bäume in der alten bäuerlichen Wirtschaft einen Nutzwert erfüllten, der alten Bäumen noch anzusehen ist oder erschlossen werden kann, wenn sie sich mitunter „selbst überlebt" haben und wir nur noch ihre bizarre Gestalt oder ihren besonderen Standort wahrnehmen.

Es ist erklärte Absicht dieses Buches, von der Schönheit und dem Nutzen der Bäume zu sprechen, einige besonders bemerkenswerte und einige so genannte „ehrwürdige" vorzustellen, aber auch auf die namenlosen Allerweltsbäume am Wegrand einzugehen. Dabei wurde stets Wert darauf gelegt, besonders typische, für die jeweilige Landschaft repräsentative Baumarten auszuwählen. Von ganz wenigen, vermerkten Ausnahmen abgesehen wachsen die vorgestellten Bäume tatsächlich alle direkt an den genannten Jakobswegen.

Es sind dies einmal der Jakobsweg von Würzburg nach Rothenburg o.T. durch das bayerische Unterfranken und die beiden großen Jakobswege, die - von Rothenburg ausgehend - Baden-Württemberg in südwestlicher Richtung vom Taubergrund bis zum Bodensee als Ost- bzw. Westroute durchziehen. Das sind kulturgeographisch und landschaftsmorphologisch höchst unterschiedliche Gegenden. Weil jedoch der Pilgernde die Kulturlandschaft quasi „mit den Füßen" erlebt, soll auch auf die Naturräume und Landschaften eingegangen werden. In hohem Maße wird ja das Landschaftsbild von Bäumen und Gehölzen geprägt, schon von daher können Bäume nicht isoliert, ohne landschaftlichen Bezug, betrachtet werden.

Die Wegführungen haben in den letzten Jahren gemäß dem Wunsch der Pilger, in „schöner Landschaft" und in „heiler Welt" zu wandern, eine starke Vorliebe für den Wald entwickelt. Es werden deshalb auch Waldbäume und Wälder berücksichtigt. Und weil auch historische Gärten an den Jakobswegen liegen, wird deren schöner und exklusiver Baumbestand nicht ausgelassen.

Das Buch ist kein Wegführer. Es informiert nicht über Etappenlängen und Pilgerunterkünfte. Es ist auch kein kunsthistorischer Führer und noch weniger ein spiritueller. Es ist ein Begleitbuch zum Erinnern und zum Nachschlagen - oder zum Vorbereiten einer Pilgerwanderung durch Süddeutschland. Es wäre einfach zu schade, den langen Weg zu machen und weder die schönen Bäume wahrgenommen noch die Landschaft erfahren zu haben, und so möge dieses Buch dazu beitragen, die Liebe zu Bäumen zu bekräftigen, das Interesse an der Kulturlandschaft zu befördern und die Pilgerlust zu wecken.

Fränkisch - Schwäbischer Jakobsweg

Würzburg - Ulm

Würzburg - Ochsenfurt

Im Maintal

Eine der größten mittelalterlichen Pilger- und Handelsrouten querte in **Würzburg** den Main. Der moderne Fränkisch-Schwäbische Jakobsweg beginnt in Würzburg an der Don-Bosco-Kirche, ehemals „St. Jakob zu den Schotten", im alten Stadtviertel links des Mains. Dazu muss die Alte Mainbrücke mit ihren steinernen Heiligen gequert werden. Der Blick verfängt sich unweigerlich an den baumbekrönten Festungswerken des Marienbergs mit dem Schloss darüber und dem Rebland darunter.

An den Hängen des Maintals wächst der berühmte Frankenwein und obgleich der Weinstock kein Baum im klassischen Sinn ist, so ist er doch ein Holzgewächs, und daher sei das Baumalbum am Jakobsweg mit der Vorstellung der Weinrebe begonnen.

> Die **Weinrebe** (Vitis vinifera) wird nicht von ungefähr auch als Weinstock bezeichnet, denn die Holzpflanze kann aus dem Stock ausschlagen und neue Äste bilden. An solchen vorholzten vorjährigen Reben entwickeln sich grüne Triebe mit Ranken, Blättern und Blüten. Letztere sind unscheinbar, erst der Fruchtansatz der grünlich weißen Trauben fällt dem ungeübten Auge auf. Die klassischen Frankenweine sind Weißweine, voran der Silvaner. Doch vor der Weinlese muss der Weingärtner viele Arbeiten verrichten, denn Weinberge sind Sonderkulturen und bis heute arbeitsintensiv und witterungsabhängig. Die Rebkultur hat sogar einen eigenen Berufstand, den Winzer, Weingärtner oder Wengerter hervorgebracht und das ganze Kelterwesen dazu.

Festung Marienberg in Würzburg

Rebe mit Fruchtansatz

> Der Weinbau in Franken reicht ins frühe Mittelalter zurück, Karl der Große wird dafür gern bemüht. Die Rebkultur erfreute sich der Förderung durch Klöster und Stifte. Wein galt als Medizin und Gesundheitstrank. Und der Kirchenlehrer Thomas von Aquin meint: „Wenn einer sich so sehr des Weines enthielte, dass er dadurch seine Gesundheit schwer belasten würde, so wäre er von Sünde nicht frei."

In Würzburg wird ein Pilger, falls er sich dort mit anderen treffen will und Zeit bleibt, einen Besuch der Residenz nicht auslassen wollen. Sie ist UNESCO-Weltkulturerbe, ein Hauptwerk des oberdeutschen Barock und nach Plänen von Balthasar Neumann erbaut. Der dritte Partner im Gesamt-Weltkulturerbe ist neben der Residenz und dem Residenzplatz der **Hofgarten**.

Baum und Garten sind von jeher untrennbar miteinander verbunden, das war schon im Garten Eden so. Ein Garten ohne Baum ist schlicht undenkbar.

In seinen wesentlichen Teilen ist der Hofgarten ein Rokokogarten, also ein formaler architektonischer Garten, wo die Rabatten gereiht, das Wasser in Brunnen gezähmt und der Buchs geformt ist. Struktur und Räumlichkeit verdanken solche Gärten ihrer Symmetrie, also einem Grad besonders hoher Ordnung. Es verwundert daher nicht, dass der mittelalterliche Mensch sich das Paradies wegen dieses hohen Ordnungsgrads symmetrisch vorgestellt hat.

Der Südgarten zeichnet sich durch interessante **Laubengänge** aus, mit denen das Handicap dieses beengten und steil ansteigenden Gartenraums architektonisch gemeistert wird. Für Laubengänge eignen sich nur schnittverträgliche Gehölze, am robustesten ist die Hainbuche, die auch hier Verwendung fand, ungewöhnlicher ist schon die Kornelkirsche, am interessantesten jedoch sind die Maulbeerlauben auf den Rampen.

Maulbeerlaube im Hofgarten zu Würzburg

> Der **Weiße Maulbeerbaum** (Morus alba) stammt aus China. Seine Blätter sind die Nahrung der Seidenraupen. Im 18. Jahrhundert wurden, oft mit steuerlicher Begünstigung, Maulbeerbäume zur Förderung der Seidenraupenzucht angepflanzt. Man nutzte das schnittverträgliche Gehölz als Kopfbaum und verfütterte das grüne Laub der jungen Triebe.

Der Ostgarten wird von sechs kegelförmigen Eiben beherrscht. Sie gruppieren sich um ein Mittelbassin mit Fontäne. Die Eiben haben einen beschnittenen Sockel, einen entasteten Stammbereich, der einer vom Eibenkegel beschirmten Steinskulptur Platz gibt. Durch regelmäßigen Schnitt werden die ungewöhnlichen, rund 200 Jahre alten Zierbäume in Form gehalten.

> Die **Eibe** (Taxus baccata) ist ein heimischer Waldbaum, der in die Gartenkultur Eingang gefunden hat, weil er schnittverträglich ist und aus dem Holz ausschlagen kann. Eiben werden im allgemeinen spitzkegelig oder säulenförmig bis zum Boden reichend erzogen, sie können Gartenbeete vertikal gliedern und ersetzen in den Gärten nördlich der Alpen die mediterranen Zypressen.

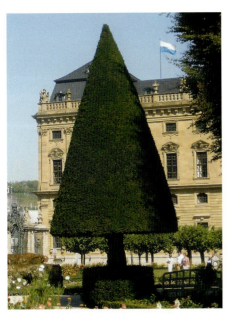

Kegelförmige Eibe im Hofgarten zu Würzburg

Von Würzburg bis Ochsenfurt geht es durch das **Maintal**. Es ist etwa 80 - 100 Meter tief in die Muschelkalklandschaft eingebettet. Der Name dieses Gesteins lässt sowohl den Reichtum an Versteinerungen als auch seine kalkige Beschaffenheit erahnen. Flurbereinigte Rebhänge begleiten die Sonnenseite. Von alters her ist das Tal eine Verkehrsachse mit einer dichten Folge von Ortschaften, die an der Wasserstraße des Main aufgereiht sind. Heute bewerkstelligen den Verkehr eine Eisenbahnlinie sowie auf beiden Talseiten je eine verkehrsreiche Straße und je ein Wander- und Radweg.

Die Landschaft wird von Säulenpappeln geprägt. In ihrer grünen körperlichen Massigkeit sind die säulenförmigen Gestalten nicht zu übersehen. Reihen bildend haben sie darüber hinaus eine beeindruckende Tiefenwirkung.

> Die **Säulenpappel** (Populus nigra ‚Italica') ist verwandt mit der heimischen Schwarzpappel – im Grunde nur eine besondere Wuchsform derselben – und wurde um 1740 aus Italien als „lombardische Pappel" nach Deutschland eingeführt. Sie heißt auch Pyramiden- oder Spitzpappel. Als Modebaum markierte sie alsbald Brücken und Grenzpunkte, umrundete fürstliche Domänenbetriebe oder den Dorfetter und verdrängte die Linde als Alleebaum. Noch beliebter war die Säulenpappel in Frankreich, wo sie als „Demokratenbaum" einen politischen Aspekt bekam - verkörperte eine Pappelreihe doch in ihrem Ebenmaß die „Egalité". Napoleon, der ja ständig mit Truppen unterwegs war, ließ Pappelalleen entlang seiner Marschrouten pflanzen. Diese „Napoleonspappeln" dienten der Orientierung seiner Regimenter, besonders im verschneiten Gelände und bei Nebel. Schatten gaben die schlanken Bäume den Soldaten und Pferden auch etwas, erlaubten aber ein schnelles Abtrocknen von Chausseen und bremsten Schneeverwehungen. Chausseen sind genormte, befestigte Wege, die beiderseits mit Gräben begrenzt sind, um ein Ausweichen der Fuhrwerke ins Wirtschaftsland zu unterbinden. Die Alleebäume hatten die wichtige Aufgabe mit ihrem Wurzelwerk die Straßenränder und Böschungen zu stabilisieren.

Die Säulenpappeln, die so starke Akzente ins Landschaftsbild setzen, verschwinden immer mehr aus der Siedlungslandschaft des Maintals und sind ein schönes Beispiel für Landschaftstypisierungen, die allein von Bäumen bewirkt werden. Als Straßenbaum finden Säulenpappeln heute keine Verwendung mehr, ihr Nachteil beruht auf ihrem breiten Wurzelfächer, der ihrem Säulenwuchs zwar Standfestigkeit verleiht, sich aber unter der Asphaltdecke ausbreitet und sie aufwölbt. Pappeln

Pappelreihe am Main

werfen zudem ständig altes Astmaterial ab, weshalb sie früher an Wegen regelmäßig zurückgeschnitten werden mussten. Somit sprechen heute Sicherheitsgründe und ein hoher Pflegeaufwand gegen Pappeln an Straßenrändern.

Der Weg führt durch die alten Schiffsländen, wo Schiffer, Flößer und Treidler das Sagen hatten und die jetzt Grünanlage, Freizeitgelände und Sportplatz sind. Auch ein Gang durch die Maintalorte ist lohnend. Wer sich zu lange in Würzburg aufgehalten hat, kann die Maintalroute durch eine Bahnfahrt bis Winterhausen verkürzen. Der Gebrauch öffentlicher Verkehrsmittel zur Überwindung der suburbanen Großstadtgürtel tut dem Pilgern keinen Abbruch.

Obgleich die Maintalstrecke - von den Baumweiden am Wasser abgesehen - sich nicht durch besonders ungewöhnliche Baumgestalten hervortut, sei dennoch kurz der Aufbau der Bäume betrachtet, der **Bautyp**.

> Ein Laubbaum hat einen Stamm oder Schaft, er trägt die Krone mit dem Laub, im Boden ist das Wurzelsystem, das etwa so umfangreich ist wie die Krone und im selben Maße wächst. Der Aufbau ist also ein dreigeschossiger mit Krone, Schaft und Wurzelwerk.

Die Krone hat bei einem starken Baum etwa das Gewicht einer Tonne, bei Sturm ist sie starken Kräften ausgesetzt. Der Stamm muss also entsprechend stabil gebaut sein, er hat die Funktion des Stofftransports zwischen Wurzeln und Blattwerk, außerdem ist er Speicherorgan. Die Wurzeln verankern den Baum im Boden, nehmen Wasser und die darin gelösten Nährsalze auf und speichern Vorratsstoffe.

Dem Strauch fehlt ein eigentlicher Stamm, er verzweigt sich schon am Grund. Ganz eindeutig ist die Trennung nicht, denn Weißdorn oder Schwarzer Holunder, beides bekannte Heckenpflanzen, können durchaus baumförmig werden.

Die Blätter der Laubbäume sind flächig gestaltet, haben eine Ober- und Unterseite und sind grün. Ihre Aufgabe ist die Photosynthese und die Wasserverdunstung. Sie werden im Herbst abgeworfen und unsere Laubhölzer sind daher sommergrün. Die Nadeln der Nadelhölzer sind im Vergleich zu den Laubblättern robuste, derbe Gebilde, gerade so, als ob sie Trockenpflanzen gehörten. Nadeln verdunsten so wenig Wasser, dass sie im „trockenen" Winter, wenn der Boden gefroren ist, überdauern können, sie werden im Herbst nicht abgeworfen und unsere Nadelhölzer sind daher immergrün - mit Ausnahme der Lärche.

Maintal bei Sommerhausen

Ochsenfurt – Aub

Im Ochsenfurter Gau

Durch ein bewaldetes Seitental des Mains, das Tal des Thierbachs, gelangt der Jakobspilger gemächlich auf der Trasse der alten Gaubahn nach **Tückelhausen**, wo mit der Renovierung der verbliebenen Klostergebäude der Prioratsgarten der einstigen Kartause eine Wiederbelebung erfährt.

Die Hochebene des **Ochsenfurter Gau** ist Teil der Fränkischen Muschelkalkplatte. Auf ihr liegt der Unterkeuper oder Lettenkeuper, den man im Allgemeinen „vernachlässigt", falls nicht korrekt von der Muschelkalk-Lettenkeuper-Ebene die Rede ist. Im Ochsenfurter Gau und im südöstlich angrenzenden Gollachgau ist die Platte von Lößlehm überlagert. Löß ist eine zwischen- und nacheiszeitliche Windablagerung, er ist quasi Staub, der vom Wind aus den eisnahen Moränen und Schottern ausgeblasen und verfrachtet wurde. In der Nacheiszeit mit Steppengräsern bewachsen, bildeten sich Lößlehmböden mit ganz spezifischen Eigenschaften. Es sind unsere fruchtbarsten Böden!

Der Ochsenfurter Gau ist daher früh besiedelt, der Wald verdrängt und die Flächen dem Kornanbau nutzbar gemacht worden. Er war Jahrhunderte lang die Kornkammer des Hochstifts Würzburg.

Die Ortschaften des Ochsenfurter Gaus sind barock und katholisch geprägt. Der religiöse Schmuck von Hofmauern, Hauspforten, Hauswänden und Dorfplätzen zeugt davon in Acholsheim, Gaukönigshofen, Rittershausen, Bolzheim, Ostheim, Oellingen und Aub. Da gibt es die Mariensäule am Dorfplatz, die Hausmadonna in der Giebelfront, den Bildstock vor dem Rathaus, das Auferstehungskreuz auf dem Kirchhof und nicht zuletzt die festlichen Sakralräume der schönen Gotteshäuser.

Prioratsgarten in Tückelhausen

Frühlingsbäumchen vom Dorfbäcker in Gaukönigshofen

Auf dem Kirchplatz fehlt selten eine schöne Linde. Wo kein Platz ist, hat man andere Lösungen für Bäume gefunden: Zwei eigentümliche **Formbäume** flankieren neben den beiden Steinfiguren des Hl. Kilian und des Hl. Nepomuk die Kirche in **Rittershausen**. Sie sind ein schönes Beispiel dafür, wie geringe Mittel eine große Wirkung erzielen!

Ihre Gestalt verdanken die Robinien einer Kopfbaumerziehung. Durch Hieb verkrüppeln die oberen Stammteile, die Regeneration aus schlafenden Augen bringt viele Austriebe, durch Wiederholung verdickt sich der „Kopf". Die Methode stammt aus der bäuerlichen Baumwirtschaft und diente ursprünglich der Futterlaubgewinnung.

Am südlichen Ortsausgang wurde anlässlich der Flurbereinigung ein Brunnen neu gefasst und mit Baumweiden bepflanzt. Eine Stele gedenkt dieses Ereignisses und nennt dem Jakobspilger die exakte Entfernung nach Santiago di Compostela. Mit dem neuen Arrangement korrespondiert ein älteres, ebenfalls dreiteiliges Ensemble auf der anderen Straßenseite mit Kreuzschlepper, Kopfweiden und Trafohäuschen. ‚Kreuzschlepper' sind lebensgroße Kultfiguren auf hohem Steinsockel und erinnern ein bisschen an die südländische Semana santa-Mystik.

Kirchenfassade mit Formbäumen in Rittershausen

Baumweiden mit Brunnen und Jakobspilgerstele   Kopfweiden mit Kreuzschlepper und Trafohaus

> **Kopfweiden** sind abenteuerliche Baumgestalten. Im Nebel sehen sie aus wie anrückende Heerscharen. Auf dem „Kopf" sitzen scheinbar unvermittelt zahllose lange Ruten, die im Turnus von zwei bis drei Jahren geerntet werden. Die schmiegsamen Ruten sind das Rohmaterial für Körbe und Flechtwaren und fanden Verwendung als Faschinen bei Uferverbauungen und waren Anbindematerial für Spalierobst und Reben. Es sind verschiedene strauchförmige Weidenarten mit schmalen Blättern, die nicht leicht bestimmbar sind und auch gerne untereinander bastardieren, die als Binde- und Flechtweiden in Kultur sind. Der Kopfweidenbetrieb dient nur noch dem Eigenbedarf, sowie ökologischen und heimatkundlichen Belangen. Im Laufe der Jahre können in den Baumstümpfen Höhlen entstehen, die verschiedenen Vögeln als Brutraum dienen. Im Winter wurde früher auch die Weidenrinde geerntet: ein uraltes Heilmittel gegen Migräne, mit schmerzlindernder, fiebersenkender und entzündungshemmender Wirkung! Die wirksame Substanz ist ‚Salicin' und im Jahr 1828 wurde Salicylsäure erstmals aus Weidenrinde isoliert, 1897 konnte Acetylsalicylsäure synthetisch hergestellt werden und ist bis heute unter dem Produktnamen „Aspirin" wohlbekannt.

Der Weiterweg ist flachwellig. Von den Anhöhen oder Kuppen genießt man einen weiten Blick, von den Ortschafen ragen nur die zumeist spitzen Kirchtürme über den Horizont, die Dörfer selbst liegen alle in windgeschützter Muldenlage. Der Jakobspilger durchwandert eine fruchtbare Agroproduktionslandschaft mit baumarmen Ackerblöcken. Es gibt heute keine Gründe mehr, in der Ackerflur Bäume zu erhalten oder gar zu pflanzen, die agrotechnische Landwirtschaft braucht sie nicht. Sie stören bloß, erst recht in der jüngsten „Fruchtfolge", einer im Bau befindlichen Photovoltaikanlage.

Um so faszinierender, nicht zuletzt dank ihrer raumbildenden Wirkung, sind einzelne Bäume auf den Anhöhen, die von der Flurbereinigung ausgespart zu sein

Baumgruppe mit Kreuzigungsgruppe

scheinen. Beim Näherkommen entpuppt sich mancher Baum auf dem Hügel als ein Baumpaar mit einer freistehenden Kreuzigungsgruppe aus lebensgroßen Sandsteinskulpturen darunter. Schützen die Heiligen, denen die Bäume einst Schutz boten, ihrerseits heute die Bäume in der Flur?

Übrigens gehen Soziologen davon aus, dass Menschen seit Urzeiten gerne Plätze aufsuchen, wo sie einen geschützten Ausblick auf die Umgebung haben und sich gleichzeitig geborgen fühlen. Im Freien erfülle diese Erwartung der einsame Baum auf dem Hügel, im urbanen Bereich sollen Menschen stellvertretend einen Sitzplatz unter einer Pergola bevorzugen.

Kuppe vor dem Steigerwald

Auf der Kuppe oberhalb von Oellingen – mit beeindruckendem modernem Bildstock aus dem Jahr 1993, der die überkommene Bildersprache wahrt - erscheint am Horizont über der schier endlosen Gauebene der bewaldete Höhenzug des Steigerwalds. Es geht hinunter in die Wiesenaue der Gollach und nach Aub.

Für die Kulturlandschaft Frankens haben die **Fränkischen Bildstöcke** eine erstrangige Bedeutung, daher sei an dieser Stelle kurz auf sie eingegangen, obwohl sie im Gegensatz zu den Bildstöcken in Schwaben im allgemeinen nicht von Bäumen begleitet werden.

Tafelbildstock mit Pieta in Osthausen

Bildstöcke sind ursprünglich Säulen mit einem schreinartigen Aufsatz mit bildlichen oder figürlichen Darstellungen. Sie sind aus Holz oder Stein und stehen im Freien, vor dem Acker oder auf der Weinbergsmauer, in Ortschaften an der Hauspforte oder auf der Hofmauer. Bildstöcke sind Privateigentum und werden mit dem Flurstück und Hof vererbt. Ihr Uranliegen ist der Schutz der Feldflur. Es gibt sie seit dem Spätmittelalter. In Franken wandelt sich Ende des 16. Jahrhunderts der kubusförmige Aufsatz zu einer flachen Bildtafel aus Sandstein - zu einer Art Flachbildschirm! Höhepunkt der Bildstocksetzung in Franken ist das ausgehende 18. Jahrhundert. Höfisch geschulte Steinmetzen schaffen die Tafelbilder in unglaublicher Formenfülle. Selbst die Schäfte werden mit steinernen Blumengirlanden und mit Heiligenfiguren geschmückt. Unter den Kultbildern rangiert an erster Stelle die Kreuzesdarstellung Christi, es folgen Marien- und Heiligendarstellungen. Beliebt ist die Darstellung der Dreifaltigkeit in Verbindung mit der Krönung oder der Himmelfahrt Mariens.

Bildstöcke setzten Zeichen, besonders wo sie farbig gefasst waren oder vergoldete aufgesteckte Kreuze trugen. Insofern sind sie verwandt mit Grenz- und Marksteinen, deren Funktion sie auch lokal übernommen haben. Auch eine feindabwehrende Wirkung wird den Bildstöcken zugeschrieben. Heute setzen sie kein Signal mehr, konsequenterweise sind sie tarnfarben. Viele Bildstöcke sind verschwunden und viele sind nicht mehr am alten Platz. Gerettet, aber unpassend stehen sie im Vorgarten oder verloren im Wegdreieck in der neugeordneten Flur.

Aub verdankt seine Entstehung der Kreuzung zweier Fernstraßen, dem Handelsweg von Paris nach Wien und dem Weg von den Ostseeländern nach Rom. Es wundert daher nicht, dass Aub ein ansehnliches Spital für Pilger und Arme hatte. Der historische Marktplatz mit der barocken Mariensäule, die der Ort im Wappen führt, laden zum Verweilen ein.

Aub – Burgerroth – Aub

Zur Kunigundenlinde

Weil die folgende Etappe nach Uffenheim kurz ist, bietet sich ein Abstecher nach dem nur vier Kilometer entfernten Burgerroth zur Kunigundiskapelle mit der 1000-jährigen **Kunigundenlinde** auf dem Altenberg an. Es gibt ausgeschilderte Wanderwege, einer ist der alte Grenzweg an der Talkante der Gollach, der heute den Freistaat Bayern und das Land Baden-Württemberg scheidet.

Überraschend ist der Vegetations- und Landschaftswechsel. Naturräumlich gehört das Gebiet um Burgerroth und Burg bereits zum Taubergrund.

Altenberg mit Kapelle

Der Altenberg gelangt um 1230 als bambergisches Lehen in den Besitz der Grafen von Hohenlohe – Brauneck, die als Erbauer der spätromanischen Kapelle angesehen werden. Mit ihrem Aussterben verlor der Platz seine Bedeutung, was sicherlich zur Erhaltung der Baulichkeit beigetragen hat. Umgebaut wurde die Kirche dann unter dem Würzburger Fürstbischof Julius Echter, der auch hier die katholische Konfessionalisierung betrieben und seiner Bauwut gefrönt hat. Heute erfreut das restaurierte abgelegene Bergkirchlein als so genannter „Kraftort" die Kunst- und Naturliebhaber gleichermaßen.

Eingekürzte Kunigundenlinde

Die am Portal angeschlagene Gründungslegende bringt Kapelle und Linde zusammen und belegt, dass die Linde zuerst da gewesen ist. Es müsste hier also schon vor 1000 Jahren eine bedeutende Linde gestanden haben, Bauwerk und Baum nehmen jedenfalls aufeinander Bezug, denn der Baum steht mittig vor der Wetterseite.

Leider ist die Kunigundenlinde, eine Sommerlinde, nur der Torso eines stolzen Baumes. Vier auseinanderklaffende Schalenwände eines hohlen Stammes - etwa drei Meter hoch und zehn Meter im Umfang - tragen zahllose Stangenäste. Das haarsträubende Aussehen verdankt der Baum radikalen Rückschnitten, der letzte war im Jahr 2004. Dank eherner Lebenskraft steht die Linde noch immer. Schon ein Foto von 1919 zeigt den Baum in diesem eingekürzten Zustand, woraus zu schließen ist, das diese Praxis schon länger üblich ist, ganz so, als ob es ein Kopfbaum wäre. Vielleicht ist sie einmal zu Schaden gekommen und dann in dieser Weise regelmäßig rückgeschnitten worden. Die örtlichen Gemeindeakten dokumentieren Zimmermannsarbeiten an einer Linde, wobei unklar bleibt, ob es sich tatsächlich um die Kunigundenlinde handelt. Nun ist es wohl eher die Arbeit eines Zimmermanns, stützende Holzsäulen oder einen Tanzboden einzupassen, als Äste abzusägen, was für eine „geleitete Linde" spräche.

Die „tausendjährige Linde", wie die Kunigundenlinde auch genannt wird, ist vermutlich „nur" 500 - 600 Jahre alt, aber wer weiß das schon genau und eine Linde kann tatsächlich 1000 Jahre alt werden. Der Volksmund gibt – in uralter Dreiheit – der Linde 300 Jahre zum Entstehen, 300 Jahre zum Bestehen und 300

Jahre zum Vergehen. Im Alter werden Linden hohl, das ist natürlich und nicht außergewöhnlich. Das weiche, nicht verkernte Holz wird von Pilzen zerstört, deren Sporen irgendwann im langen Leben einer Linde durch eine Verletzung eindringen konnten.

Die Linde ist Deutschlands Kulturbaum schlechthin. Kein anderer Baum ist so bekannt und so tief im allgemeinen Bewusstsein verankert wie die Linde. Genau besehen handelt es sich um zwei Lindenarten, die Sommerlinde und die Winterlinde, beide sind gleichermaßen populär und selten werden sie unterschieden, zumal auch ihre Standortansprüche nicht extrem verschieden sind und sie sogar untereinander Bastarde bilden. Schließlich lässt menschlicher Wille einen Baum auch an einem Ort wachsen, den er sich von Natur nicht ausgespäht hätte.

Glücklicherweise gibt es bei uns noch immer Flur- und Marklinden, Dorf- und Hoflinden, Burg- und Schlosslinden, Schwur- und Gerichtslinden, ferner die Gedenklinden am Kriegerehrenmal, die Liebfrauenlinden, die Linden auf dem Kirchplatz und die Erinnerungslinden an Schiller, Luther und Papst Pius IX., schließlich die Friedenslinden von 1871 und die Wiedervereinigungslinden von 1992.

Die Linde war Wappenbaum, Verträge und Bündnisse wurden „sub tilia" geschlossen. Die Linde war Zeichen des freien Bauernstands, später auch der Grundbesitzer und Viehzüchter. Das „Blatt" im alten deutschen Kartenspiel meinte die Linde und die Wallfahrer trugen Lindenblätter bei sich. Linden hatten auch einen starken Bezug zu Quellen und waren als Brunnenbaum Hüter von heilkräftigem Wasser.

Am bekanntesten ist die Linde als Baum der Liebenden, das legt schon ihr herzförmiges Laub nahe und die schönen Lieder und Gedichte über die Linde. Auch wenn die Verse kaum noch einer kennt, so weiß man doch noch immer, dass es da um die Liebe ging und um Träume von der Jugendzeit:

„Under der linden, an der heide ….tandaradei, schöne sang dui nachtegal"

Laubaustrieb Sommerlinde

Die Linde hatte immer auch einen Bezug zum Spirituellen, zur ewigen Weisheit und zur Gottesmutter Maria. Sie beschattet bis heute die Marienwallfahrtskirchen, sie ist „unserer lieben Frauen Baum". Offensichtlich kollidierten die christlichen Glaubensansprüche nicht mit der vorchristlichen Lindenverehrung und die Linde konnte problemlos einen würdigen Platz im christlichen Legendenkreis und in der Marienverehrung einnehmen.

Sommerlinde (Tilia platyphyllos) und **Winterlinde** (Tilia cordata)

Blüte der Sommerlinde

Die Sommerlinde belaubt sich vor der Winterlinde und blüht auch etwa 14 Tage eher, in der zweiten Junihälfte, während die Winterlinde erst Anfang Juli aufblüht, entsprechend heißt erstere auch Frühlinde und die andere Spätlinde. Die Blüten sind bei beiden Arten grünlichgelb und hängen in Trugdolden an einem langen Stiel, der bis zur Mitte am flügelartigen Hochblatt angewachsen ist. Bei der Sommerlinde sind es nur zwei bis fünf Blüten, bei der reichblütigeren Winterlinde fünf bis zwölf Blüten. Abends verströmt die hochsommerliche Blütenpracht einen lieblichen betörenden Duft, tags ist sie von Hunderten von Bienen, den Herrgottsvögelchen, umschwärmt.

Beide Lindenarten haben herzförmige Laubblätter. Das Blatt der Sommerlinde ist groß und schief-herzförmig, das der Winterlinde viel kleiner und von rundlicher Herzform. Bei der Sommerlinde ist die Blattunterseite weich behaart und hellgrün und trägt weiße Haarbüschel in den Aderwinkeln, bei der Winterlinde hingegen ist die Blattunterseite kahl und bläulichgrün und die Achselbärte sind rostrot.

Blüte der Winterlinde

Bei der Sommerlinde sind die Früchte immer holzig und haben harte Leisten, sie bleiben bis zum Frühjahr am Baum hängen und lassen die Bäume in der Wintersonne rostrot glänzen. Bei der Winterlinde lassen sich die Früchte leicht zusammendrücken, sie fallen früh ab und der Baum ist im Winter kahl. Die Sommerlinde wird übrigens größer und älter als die Winterlinde. Die „1000-jährigen" Linden sind immer die Sommerlinden, auch die Gerichts- und Tanzlinden. Die Sommerlinde ist die Marienlinde und der klassische Kapellenbaum und somit ein bisschen die „katholische Linde". In den ehedem evangelischen Regionen, wo sich die Dorfkirchen mit einer Kirchenlinde schmücken, findet sich dafür bevorzugt die Winterlinde.

Beide Arten stammen aus dem Wald und wurden vor Urzeiten von den Menschen in ihre Siedlungen und in ihr Kulturland geholt, und dort begegnen wir ihnen viel eher als im Wirtschaftswald, wo Linden eine ganz untergeordnete Rolle spielen. Linden gibt es nur in Wäldern, wo die Buche zurücktritt oder fehlt, denn sie sind gegenüber dieser zu konkurrenzschwach. In Südwestdeutschland bevorzugt die Sommerlinde kühle, niederschlagsreiche Berg- und Schluchtwälder, während die Winterlinde sommerwarme, relativ trockene Waldgesellschaften vorzieht.

Aub – Uffenheim – Rothenburg

Gollachgau und Endseer Berg

Von Aub geht es weiter durch den **Gollachgau**. Es ist eine bescheidene anmutige Landschaft mit weichen Wiesenmulden, sanften Kuppen und vereinzelten Bäumen und ist dank der Lößlehmböden nach wie vor vom Ackerbau bestimmt, im Blickfeld über den Feldern ist stets der Steigerwald.

Einzelbaum im Gollachgau

Strukturgebende Baumreihe im Gollachtal

Alle **Pappeln** sind raschwüchsige Bäume mit gutem Holzertrag, schon nach 30 Jahren kann man eine Pappelpflanzung ernten. Das Holz ist leicht und porös. Als es noch üblich war, Sümpfe und Teiche aufzufüllen und aufzuforsten, hat man der heimischen Schwarzpappel bald die noch raschwüchsigere Amerikanische Pappel vorgezogen. Sie wiederum wurde verdrängt durch die noch schneller wachsenden Hybridpappeln, also die aus Kreuzungen der Schwarzpappel zunächst mit amerikanischen dann mit asiatischen Pappelarten gewonnenen Kultursorten, deren Spektrum durch Kreuzungen untereinander nochmals erweitert wurde. Eine apartes Beispiel aus dem Sortiment ist die so genannte „Turbo-Pappel".

Die echte **Schwarzpappel** (Populus nigra) ist eine beeindruckende Baumgestalt mit flacher Krone und wächst in Flußauen. Ihr Name weist auf die schwärzliche Borke hin. Die hohe Brüchigkeit der Äste lässt sie im Kulturland selten alt werden, ungestört wächst sie nur an geschützten Altwassern, wo sie zusammen mit Weiden vorkommt. Sie wird gerne hohl, ist aber sehr regenerationsfähig. Pappeln verdunsten mehr Wasser als ein anderer Baum, denn ihre Blätter sind ständig in Bewegung, nicht nur bei der Zitterpappel. Die Blattstiele sind elastisch, drehen sich daher, kippen aber beim geringsten Luftzug in ihre alte Lage zurück. Die wasserdampfgesättigte Hüllschicht auf der Blattunterseite wird also ständig durch Frischluft ersetzt und die Hüllschicht wird durch Verdunstung nachgeliefert.

Nach einem kurzem Anstieg aus der Gollachniederung gelangt man nach **Uffenheim**. In der Landschaft setzen nun vermehrt Einzelbäume deutlich Akzente, es handelt sich vorzugsweise um Stieleichen. Es soll der Anlass sein, endlich Wuchsform und **Habitus der Bäume** vorzustellen: An der Erscheinungsform der Bäume lässt sich für den Kenner schon aus weiter Ferne eine Eiche von einer Linde unterscheiden, und eine Rosskastanie von einem Wallnussbaum. Es ist eine einfache Sache der Gestaltwahrnehmung – ganz wie das Erkennen von Autotypen.

Laubbäume haben in der Regel keine kegelförmig zulaufende Krone wie ein „Tannenbaum", sondern eine mehr oder weniger kugelförmige, denn bei den Laubbäumen verliert die Hauptachse gern ihre Dominanz und die Seitenäste übergipfeln den Haupttrieb und die Krone wird dann von gleichstarken Teilstämmen aufgebaut.

Bei der Eiche passiert das schon in früher Jugend, es kommt zu einer fast quirlförmigen Aststellung unter starker Betonung der unteren knorrigen Äste, die gern winkelig abknicken. Die Krone ist ausladend und unregelmäßig gewölbt, der Stamm eher kurz und dick – wenn sie im Freistand aufwachsen. Linden haben auch bei durchgehendem Leittrieb ein starkes Breitenwachstum mit kugel- oder eiförmiger Krone, die aber auch aus gleichberechtigten Stämmlingen aufgebaut sein kann. Kenntlich sind beide im Winteraspekt an ihren feinastigen Verzweigungen. Die Architektur eines Baumes lässt sich ohnehin im unbelaubten Zustand besser erkennen als im Sommer.

> Die vollen Wuchseigenschaften der Baumkronen entfalten sich natürlich nur bei frei aufgewachsenen Bäumen im Feld. Selbstverständlich wachsen Bäume nicht immer ideal, sie sind sogar extrem anpassungsfähig und variabel, den wirksamsten Einfluss auf ihr Wachstum haben Wind und Licht. In Anbetracht der langen Lebensdauer sind die Fähigkeiten zur Modifikation und Anpassung entscheidend. Selbst auf Katastrophen wie Blitzschlag, Frost oder Freistellung reagiert ein alter Baum mit neuen Trieben, sogar mit neuer Kronenbildung.
>
> Zu berücksichtigen gilt bei dieser Betrachtung, dass jüngere Bäume, die aus einer Baumschule stammen, verschult sind und eine behutsame Schnitterziehung hinter sich haben, die im Allgemeinen den Haupttrieb fördert und Gabelungen unterdrückt.

In **Habelsee** verlassen wir das ehemals ansbachische Gebiet und kommen in das einstige Territorium der Reichsstadt Rothenburg, das von einem befestigten Wallsystem mit Graben, der Landhege, umgeben war und in Habelsee sogar einen Landturm hatte. Die Landschaft ist weiterhin ackerbaulich geprägt, wird aber zunehmend strukturreicher und kleinräumiger und erstmals gibt es größere Waldbestände. Der Wald stockt auf den sich flächig ausbreitenden Lettenkeuperböden, während dem Ackerbau weiterhin die guten Lößlehmböden gehören.

Habitus Stieleiche (Bad Waldsee)

Habitus einer Sommerlinde (Scharenstetten)

Die Waldstücke, durch die der Muschelweg hier führt, sind licht und hell, was auf das Fehlen der stark schattenden Rotbuche zurückzuführen ist. Hier stocken Stieleichen, Hainbuchen und Winterlinden, die sich auf den lehmig-tonigen Böden gegenüber der Rotbuche durchsetzen können, die ja sonst den Wald beherrscht. Die Wirtschaftsform ändert in diesem Fall an der Artzusammensetzung wenig.

Eichen hält man ja für stark und zäh, in ihrer Jugend ist die Eiche jedoch sehr empfindlich. Sie braucht viel Licht und kann Beschattung nicht ertragen. Damit ist sie mitten im Wald eigentlich ein recht hilfloser Baum und bedarf sorgsamer Pflege und Förderung. Die Eiche ist eine Lichtholzart, auch die Krone der Eiche ist licht, weil Zweige, die zu wenig Licht bekommen, früh zugrunde gehen.

Aus dem Wald tretend geht es wieder durch Maisfelder. Schön sind die Reihen aus Zwetschgenbäumen an den Feldwegen. Sie erfreuen den Pilger zweimal im Jahr, einmal mit ihrer überreichen weißen Blüte und im Spätsommer mit den blaubereiften leckeren Früchten: „Kein Speis und Trank so sehr erquickt, wie Obst, das man vom Baume pflückt."

Zwetschgen am Baum

Der **Zwetschgenbaum** (Prunus domestica subsp.domestica) gehört zum Steinobst und ist eng verwandt mit Pflaume, Mirabelle und Reneklode. Sie alle stammen aus dem Vorderen Orient und ihre Kultur erfuhr wie aller Obstbau durch Karl den Großen eine starke Förderung, und schon in dessen Güterverordnung sind sie gemeinsam aufgeführt als verschiedene Prunus-Arten (prunarios diversi generi). Frische Früchte sind schmackhaft und gesund, am besten schmecken sie als Zwetschgenkuchen. Verwendung finden sie in der Schnapsbrennerei und im Dörrobst.

Im Osten rückt die bewaldete Frankenhöhe immer näher, sie ist die markanteste Schichtstufe im Keuperbergland. „Keuper" oder „Kerf" ist ein Begriff aus der schwäbischen bzw. fränkischen Volkssprache, der in die Wissenschaftssprache übernommen worden ist. Die Keuperformation besteht aus einer Wechselfolge von weichen, wasserundurchlässigen Tonsteinen mit Mergeln und von widerstandsfähigen, harten wasserdurchlässigen Sandsteinen. Die weichen Gesteine bleiben nur dort erhalten, wo sie ein Deckel aus harten Sandsteinen vor der Abtragung schützt. Sie bilden flache Hänge, während die Sandsteine die Geländekanten und die Verebnungsflächen bilden.

Von der Frankenhöhe reicht ein bewaldeter Ausläuferberg, der „**Endseer Berg**", bis zum Jakobsweg herüber. Er ist 470 Meter hoch und der erste „Berg" seit Beginn des Wegs in Würzburg. An seinem Fuß wird seit Jahrhunderten Gips abgebaut und hier macht der „Gips"-keuper seinem Namen einmal alle Ehre.

Die Altstadt **Rothenburgs** beherbergt außer ihren vielen Sehenswürdigkeiten einige schöne Linden und es fällt gerade in einer verkehrsarmen Touristenstadt auf, wie sehr Bäume Menschen anziehen! Durch ihre lange Nutzungsgeschichte gehören Bäume zur Mitwelt des Menschen und nicht bloß zu seiner Umwelt. Wer sich Bäumen nähern will, darf sie nicht bloß fotografieren, er muss die Borke betasten, die Blätter in die Hand nehmen, an den Lindenblüten riechen und die Früchte verkosten.

Frankenhöhe bei Steinsfeld

Lindenwald

Rothenburg – Bettenfeld

Im Schandtaubertal

Durch Spitaltor und Spitalbastion verlässt man Rothenburg und kommt sofort steil abwärts in das Tal der Tauber. Nahe der Gipsmühle, die im Mittelalter den Gips des Endseer Bergs zu Gipsmehl vermahlen hat, mündet die **Schandtauber** ein. Über die wasserwirtschaftlichen und geologischen Belange informiert eine Tafel des Wasserwirtschaftsamtes Ansbach an der Schmelzmühle.

Verkarstung ist eine typisches Phänomen der Kalkgebiete und beruht auf der unterirdischen Auflösung von Kalkgestein. Nun ist Kalk in Wasser eigentlich nicht löslich, doch unter Zutritt von Kohlensäure wird er es, und Kohlendioxid gibt es reichlich. Es entstehen Hohlräume, oberflächlich brechen sie gern nach und es entstehen Dolinen oder eben ein unterirdisches Höhlensystem. Die Schandtauber versickert schon im Oberlauf wieder im Karstgestein und das zehn Kilometer lange Tal ist nur in den letzten fünf Kilometern ständig wasserführend.

Die schwankende Schüttung und das erhebliche Gefälle der Schandtauber machten schon im Mittelalter umfangreiche wasserbauliche Maßnahmen nötig, denn die Wasserkraft war bis in 19. Jahrhundert die wichtigste Energiequelle und auf ihrem kurzen Lauf von sechs Kilometern betrieb die Schandtauber sieben Mühlen. Für das knappe Wasser brauchte es ein ausgeklügeltes ingenieurbauliches und wasserrechtliches System der Nutzung. Dabei ist zu berücksichtigen, dass die korngesegnete Gäuhochfläche als Karstgebiet keine Fließgewässer hat und das Korn hier unten vermahlen werden musste. Hinzu kam die anderweitige Wasserkraftnutzung, beispielsweise für Hammerwerke. Heute ist das einst gewerbereiche Tal ein idyllisches Waldtal. Direkt am Bach stehen die Erlen und etwas weiter weg die Eschen, die auch den ganzen unteren Hangbereich einnehmen.

Mündung der Schandtauber in die Tauber   Eschenwald im Schandtaubertal

Die **Esche** (Fraxinus excelsior) hat eine lockere und lichte Krone, sie wächst unbeirrt aufwärts und vermittelt einen erhabenen Eindruck. Im Schatten von Eschen ist es immer ziemlich hell und niemals dunkel wie unter Buchen. Das Blattwerk alter Bäume steht in Büscheln, auch die hellbraunen, zungenförmigen Flügelfrüchte, die oft bis zum Frühjahr am Baum hängen bleiben, sind büschelig. Bei Wind drehen sich die Blattbüschel ineinander, gegen den blauen Himmel von unten betrachtet sehen sie aus wie lustige Wollknäuel und durch die Wipfel geht ein Raunen und Rauschen.

Im Gegensatz zu den meisten heimischen Bäumen hat die Esche unpaarig gefiederte, rund 35 cm lange Blätter mit etwa neun bis 13 scharf gesägten Fiedern. Das Laub erscheint relativ spät im Frühjahr, oft erst im Mai. An den späten Austrieb von Esche und Eiche erinnert eine alte Bauernregel:

Treibt die Esche vor der Eiche, hält der Sommer große Bleiche.
Treibt die Eiche vor der Esche, hält der Sommer große Wäsche.

Die Esche ist nicht nur ein Baum des Bach-Eschenwaldes, sie kommt auch in feuchten Laubmischwäldern vor. Neben Bodenfeuchtigkeit braucht die Esche zum Gedeihen vor allem Licht, nur in der Jugend ist sie schattenverträglich, übrigens auch raschwüchsig und fast unverwüstlich. Erst etwa ab dem 40. Lebensjahr beginnt die Einwölbung der kugelförmigen Krone.

In der bäuerlichen Landwirtschaft war die Esche als Laubfutterbaum von Bedeutung. Das frische Laub war noch im letzten Jahrhundert bei Sommertrockenheit ein wichtiges Futter für Schafe, Ziegen und Rinder. Das Laubheu für die Winterfütterung wurde im Allgemeinen durch Schneiteln oder Schnaiteln gewonnen. Dafür kürzt man den Gipfeltrieb eines Baums ein, entfernt die Äste und erntet die neu austreibenden rutenartigen Zweige alle ein bis drei Jahre. Frische Sprosse und junge Früchte fanden in der Küche als Gemüse Verwendung. In der Volksmedizin wurde die frische Rinde der Esche zur Wundheilung und die getrocknete Rinde als fiebersenkendes Mittel und zur Wurmbehandlung gebraucht.

Die Redewendung „zäh wie Eschenholz" gibt die Eigenschaft des Holzes wieder, es ist hart und zäh, aber dennoch biegsam. Es wurden Speere daraus gemacht, und „ask" bedeutete bei den Germanen sowohl Esche als auch Speer. Südlich der Alpen wird die Gemeine Esche durch die Mannaesche vertreten. Auf diesen Baum beziehen sich die Mythen der Antike und selbstverständlich waren die Lanzen der homerischen Helden aus Eschenholz gefertigt.

An der Hammerschmiede kann man den Talweg verlassen und parallel an der Hangkante über Schandhof und Burgstall gehen, um dann wieder vor Bettenfeld auf den Muschelweg zu kommen. Beim Blick nach Osten über den eschenbestandenen „Canyon" der Schandtauber hinweg bleibt das Auge weiterhin an der Frankenhöhe hängen.

Nussbaum auf dem Schandhof

Den **Schandhof** zeichnet ein prachtvoller Nussbaum als **Hofbaum** aus. Er ist etwa 60-80 Jahre alt, steht frei auf einem Rasenplatz beim Garten und ist nicht durch störende Zutaten verschandelt, sein Wurzelraum ist nicht mit Beton versiegelt und er ist sich der Liebe und Aufmerksamkeit der Hofbewohner sicher. Sein Vorzug als Hausbaum ist, dass er sein Blattwerk erst im fortgeschrittenen Frühjahr entwickelt und die wärmende Frühlingssonne lange ans Haus lässt und dass er essbare Früchte trägt, die schmackhaften Walnüsse.

Durch eine stattliche **Hoflinde** zeichnet sich das Hofgut „**Burgstall**" aus. Es ist eine Sommerlinde mit zwei Stammteilen, vierteilig soll sie gewesen sein, den westlichen und östlichen Stammteil hat sie verloren und nur eine steinerne Astuntermauerung erinnert noch an den ausladenden Ostteil. Alte Steintröge und die Kuhle einer einstigen Pferdeschwemme, der ein Feuerlöschteich folgte, lassen auf eine gute Wasserversorgung des Baumes in seiner Jugendzeit schließen. Trotz der Einbußen und des sicherlich hohen Alters wirkt der als Naturdenkmal ausgewiesene Baum erstaunlich vital. Das Alter ist unbekannt und wie immer schwer zu schätzen. Er gilt auf dem Hof als 1000-jährig!

Eine zweite Hoflinde des Areals ist nach Blitz- und Sturmschaden zum Aufbau einer wohlgeformten sekundären Krone gleichmäßig gekappt worden. Diese baumpflegerische Maßnahme hat zwar die Wirkung der Linde geschmälert, aber ihr Leben verlängert, sie soll erst 150 Jahre alt sein.

Linde in Burgstall

„Ein Hof ohne Baum ist wie ein Brunnen ohne Wasser!" Im **Hofbaum** verbündet sich das Zweckmäßige mit dem Schönen. Der Baum schützt vor Sonne und Wind, reguliert das Kleinklima des Hofraums und schafft eine poetische Stimmung. Er schmückt den Hof, bringt die Gebäudeteile zusammen und bestimmt durch seine Gestalt die gesamte Hofsituation.

Ein Hofbaum ist auch heute noch Mittelpunkt des geselligen Beisammenseins, man schätzt sein gefiltertes Licht und seine Kühle. Für den Hofladen ist er Markenzeichen und „Ferien auf dem Bauernhof" wären ohne ihn nicht denkbar! Der Hofbesitzer ist stolz auf seinen Baum und deshalb käme er nie auf die Idee, seinen Baum über die Mühen der Laubentsorgung zu definieren, wie das Stadtmenschen tun. Die Funktion des Hofbaums war stets wandelbar wie die Landwirtschaft selbst. Eine ganz wichtige war wohl immer das Schattenspenden, denn unter ihm waren die Arbeitsplätze. Er schützte die hölzernen, zum Austrocknen neigenden Wagen vor sengender Sonne, die vollen Erntewagen vor aufziehendem Gewitter. Während der Stallzeit war der Baum Beschützer des Kinderwagens und Hüter der Kleinkinder im Laufstall. Und wurden die Kinder größer, dann musste er als Spiel- und Kletterbaum herhalten.

Ein Hofbaum steht in besonderer Beziehung zum Hof und seinen Bewohnern. Sein Status gründet in seiner Schutz spendenden Wirkung, die sich durch überstandene Hofeinäscherungen, Maikäferplagen, Stürme und Blitzeinschläge magisch zu mehren scheint. Ja, je schlimmer die Blessuren und je höher das Alter, desto größer ist seine Wertschätzung.

Es heißt, er ziehe Blitze an, was schwer zu widerlegen ist bei firstüberragenden Bäumen, die im Schnitt so alle 40 Jahre nachweislich vom Blitz getroffen werden. Der Hofbaum könne sogar auf magische Weise den Blitz auf sich lenken und Haus und Hof vor Schaden bewahren oder den Blitz sogar abwehren. Nach der Erfindung des Blitzableiters und seiner zügigen Einführung ist diese Magie „entzaubert" worden, dennoch hat sich die magische Vorstellung von der beschützenden Kraft des Hofbaums bewahrt. Er ist Symbol der Geborgenheit, auch des Beharrens und der Stärke, ein echter Schutz- und Trutzbaum, an den das Schicksal des Hofes gebunden ist. Dem Hofbaum wurde in der Vergangenheit auch ein Gedächtnis zugeschrieben. Er ist die dingliche Erinnerung an Notzeiten und überstandene Gefahren, er ist Träger der Hoftradition, er verbindet mit den Vorbesitzern und früheren Generationen.

Weg nach Bettenfeld   Preismedaille in Bettenfeld

Bettenfeld ist in baumreicher Ort, vom Talhang zieht der Eschenwald heran, die Schandtauber hat hier ihren Ursprung. Der Kirchberg mit seiner gotischen Wehrkirche ist mit einer Lindenallee und einem Kastanienweg begrünt. Der Ort wurde im Jahre 1984 mit dem Prädikat „Baumfreundlichster Ort des Landkreises Ansbach" ausgezeichnet. Ein Gedenkstein mit Begonienbepflanzung und ein paradoxerweise kleines Bäumchen erinnern daran. Das Motiv des Medaillons widmet sich dem ersten Menschenpaar und dem fruchttragenden Baum im Garten Eden.

Stamm der Burgstaller Linde

Die **Kulturgeschichte der Bäume** hat einen starken religiösen Aspekt. Das gilt auch für die bereits betrachtete Esche. Die Weltenesche "Yggdrasil" ist der berühmteste Baum der nordischen Mythologie. Sie verbindet dank ihres himmelragenden Wuchses die Götterburg Asgard mit den unterirdischen Abgründen, dem Erd- oder Totenreich. Dazwischen liegt Midgard, die Heimat des Menschengeschlechts und Achse der Welt.

Einen solchen Weltenbaum kennen die Mythen und Religionen vieler Völker. Er ist, wie der Name sagt, Sinnbild der Weltenordnung und der Schöpfung. Er ist auch die Metapher für Unsterblichkeit und Wiedergeburt, für die Auferstehung und das ewige Leben.

Im Kreuz Christi findet der Baum dann einen besonders starken Ausdruck: Beide - Kreuz und Baum - werden zu einer neuen Symboleinheit. Auf gotischen Altarbildern ist das Kreuzholz, das lignum vitae, oftmals ein Baumstamm, dessen untere Astarme das Querholz des Kreuzes bilden. Die Botschaft ist einfach: Christus ist der Baum des Lebens. Die Symbolkraft des Baums spielt in unserem Denken noch immer eine große Rolle. Das Baummotiv taucht im Blütenteppich zu Fronleichnam auf und im Rahmen der Kommunionfeier. Es gibt im Leben eines Menschen kein anderes lebendes Objekt, das aus eigener Kraft eine derartige Größe und Schönheit erreichen kann und das so viele Generationen in die Vergangenheit zurückreicht, wie ein Baum. Nach jedem winterlichen Scheintod werden sie wieder grün, sie verleiten uns zum Nachdenken und es scheint, als ob sie selbst ein kontemplatives Leben führten. Leise mahnen sie, dass es außer materiellen Aspekten noch anderes geben muss in der Welt. Natürlich passen Bäume nicht so recht in unsere moderne und beschleunigte Zeit. Allein ihrer langen Lebensdauer wegen sind sie beharrende konservative Elemente und Symbole der Beständigkeit. Sie erinnern an längst vergangene Epochen, lassen Historisches lebendig werden, weisen aber auch unverzagt in die Zukunft und bringen Freude in unsere Gegenwart.

Baummotiv zu Fronleichnam
(Aach im Hegau)

Baummotiv zur Kommunion (Messkirch)

Bettenfeld – Wallhausen

Im Vorland der Frankenhöhe

An ausgedehnten Kalksteinbrüchen vorbei verlassen wir den Freistaat Bayern und kommen ins Bundesland Baden-Württemberg, sind aber nach wie vor mitten in Franken. Lange noch nannte man die spätestens 1810 an Württemberg gefallenen Orte „in der rothenburgischen Landwehr". Heute ist der Begriff "Hohenlohe-Franken" üblich geworden.

Es geht hinauf nach **Metzholz**. So gering die Anhöhe auch ist, sie bietet einen umfassenden Rundblick nicht nur über das sanft wellige Vorland der Frankenhöhe, auch auf diese selbst und auf Schloss Schillingsfürst. Erstmals öffnet sich auch der Blick nach Westen zur Hohenloher Ebene.

Mit Metzholz haben wir das „Gipskeuperland" erreicht. Es besteht aus Mergeln, einem leicht ausräumbaren Gestein, daher bestimmen wellige, weiche Formen die Landschaft, gipsführend ist es nicht wie am Endseer Berg. Wer den Umweg über Buch wählt, kann so recht den harmonischen ausgeglichenen Geländeformen nachspüren. Den Wegverlauf machen Obstbaumreihen kenntlich, eigentlich waren sie nur banaler Ausdruck bäuerlichen Wirtschaftens, heute sind sie für den Wanderer Ausdruck einer harmonischen Kulturlandschaft.

Auf dem bescheidenen Höhenrücken bzw. längs seiner östlichen Flanke geht es südwärts durch den Wald, einen Eichen-Hainbuchenwald. Bäume, die im Verband aufwachsen, unterscheiden sich grundsätzlich von solchen, die im Freistand groß werden, denn die Nachbarbäume konkurrieren mit ihnen um das Licht, was sie in die Höhe streben lässt. Die Wuchskraft gilt ganz dem Stamm, er schiebt die relativ kleine und kompakte Krone nach oben, während sich der untere Stammbereich von selbst entastet.

Landschaft vor der Frankenhöhe

Obstbaumgesäumte Landstraße

Bei Waldaustritt überrascht die Weiträumigkeit und Großflächigkeit des Landes. Geradeaus am Ende der Kornfelder erscheint der spitze Kirchturm von **Hausen am Bach**, es liegt etwas tiefer in einem kleinen Sattel, den eine alte Heerstraße benutzt. Im Osten erscheint nochmals Schillingsfürst auf der Frankenhöhe. Das Land ist reich an Ortschaften, sie haben meist stattliche Chorturmkirchen mit spitzen Turmhelmen, oft sind es ummauerte Wehrkirchen. Es ist ein bäuerliches Land und kein Touristenland. Noch bestimmen Nussbäume, Flieder- und Holunderbüsche den Pilgerweg durchs Dorf und nicht Blautannen und Gnomenfichten. Und sonntags ist die Landschaft akustisch vom Läuten der Kirchenglocken geprägt.

Ehemalige Klosteranlagen fehlen und das Anwesen „Klosterhof" bei Hausen am Bach ist eine versprengte Ausnahme. „Klosterstiftungen hatte der Bereich nur fünf, überdies unbedeutende", heißt es in der Beschreibung des Oberamts Gerabronn.

Die **Wälder** sind von bäuerlicher Bewirtschaftung geprägt und abwechslungsreich, mal dominiert die Kiefer, dann folgen aufgereiht hohe Eichen oder Buchenbestände, vielfach unterbrochen von Schlagfluren, die von den großen Stürmen der vergangenen Jahrzehnte herrühren. Es sind Wälder, die einen Forstmann nicht entzücken können, dem Wanderer aber romantische Waldbilder bieten und eine Fülle von Schmetterlingen, welche die Kratzdistelblüten auf den Waldschlägen und an den Waldwegen besuchen. Birken und Ebereschen kommen auf den Schlägen hoch und überall machen sich Himbeersträucher breit - mit den köstlichsten Beeren, die alle Pilger, die sich „unterzuckert" fühlen, munter machen, so sie zur „rechten"

Hainbuchenwald

Jahreszeit vorbeikommen. In der ganzen Gegend ist der Anteil der Privatwaldungen mit rund 55% relativ hoch und der des Staatswalds mit 7% extrem nieder – gemessen am Landesdurchschnitt von Baden-Württemberg.

> Bis zum Jahr 1820 war die **Niederwaldbewirtschaftung** üblich, im bäuerlichen Genossenschaftswald oft länger. Die Umtriebszeiten waren kurz (15–30 Jahre). Die Stämmchen wurden geschlagen, die Regeneration erfolgte durch Stockausschläge. Begünstigt waren Gehölze mit gutem Ausschlagvermögen, das sind die Hasel, die Hainbuche und die Linde. Am wenigstens erträgt die Buche die Niederwaldbewirtschaftung, sie wird regelrecht ausgemerzt. Viele für natürlich gehaltene Eichen-Hainbuchen-Wälder stocken auf ehemaligen Nieder- oder Mittelwäldern. Der **Mittelwald** wurde wie ein Niederwald bewirtschaftet, es bleiben dabei aber einzelne Starkholzbäume stehen, im allgemeinen waren das die Eichen. Im **Hochwald** werden die Bäume älter, die Umtriebszeiten sind länger (80-120 Jahre). Der Altersklassenwald wird mittlerweile weitgehend vom robusteren und ökologischeren **naturnahen Wald** abgelöst, mit Bäumen unterschiedlichen Alters und Naturverjüngung, was allerdings einen niederen Wildbestand voraussetzt.

Vogelbeerbaum

Die **Eberesche** (Sorbus aucuparia) heißt auch **Vogelbeere** oder Vogelbeerbaum. Eberesche soll ‚Aberesche' oder ‚Afteresche', also ‚falsche Esche', bedeuten im Gegensatz zur echten Esche, denn beide haben gefiederte Blätter. Die Begriffsbildung ist entsprechend dem Wortpaar ‚Aberglauben' und ‚Glauben' vorgenommen, wobei in diesem Fall die Verwechslungsgefahr höher ist als bei realen Gütern. Der Name ist nicht vor dem 16. Jahrhundert nachweisbar und könnte auch auf ‚Eber' zurückgeführt werden, denn Ebereschen taugten vortrefflich für die Schweinemast. Den Namen ‚Vogelbeere' verdankt der Baum dem Einsatz seiner Beeren als Köder beim Vogelfang, einem ungemein beliebten Sport des Mittelalters, der am Vogelherd mit Netzen betrieben wurde.

Im Wald, wo sie saure Böden bevorzugt, hat die Eberesche den Status eines Pioniergehölzes. Sie liebt das Licht und besiedelt lückige Hochwaldbestände und Waldränder, denn nur in der Jugend ist sie schattentolerant. Im Bestand ist sie mit nur 20 Metern Wuchshöhe ohne Chance, sie ist ein echter Vorwaldbaum. Die Eberesche ist anspruchslos und frosthart und trägt erheblich zur natürlichen Wiederbewaldung von Sturmwurfflächen bei. Während man die Birken an solchen Standorten leicht entdeckt, fällt die Eberesche mit ihrem gabeligen strauchförmigen Wuchs nur im Frühjahr und im Herbst durch ihre Blüten oder Beerenfrüchte auf. Der Blütenschmuck der weißlichen Doldenrispen sieht prächtig aus, riecht aber unangenehm nach Maikäfer, das tiefrote Herbstlaub und die scharlachroten Beerendolden fallen in jedem Fall auf. Die Beeren, bei denen es sich um Apfelfrüchte handelt, bleiben als so genannte ‚Wintersteher' im Winter hängen. Sie sind reich an Vitamin C und waren einmal ein Heilmittel gegen Skorbut. Für das Marmelademachen empfiehlt es sich, die süßeren und bitterstoffärmeren Früchte einer Varietät, der Edel-Eberesche aus dem Garten, zu verarbeiten.

Hauswurz auf einer Torsäule

Kühnharder Linde

Das kleine **Reinsbürg** kann neben anderen Bäumen und Sträuchern mit drei Hoflinden und einer Hofkastanie aufwarten.

Der Name **Reubach** verrät einen typischen Ausbauort, der Wortstamm ist auf „reuten", also das Roden von Wald, zurückzuführen. Die Straßenbezeichnung „Zur Linde" erinnert an die abgegangene Dorflinde und der nahe ‚Lindenhof' schmückt sich mit einer viel versprechenden Junglinde.

Tauberquelle

41

Hoflinde in Kühnhard

Die **Kühnharder Linde** ist ein typischer Flurbaum, wie sie an Weggabeln oder Kreuzungen der Orientierung und Markierung dienten. Sie zeichnet sich durch einen klassischen ebenmäßigen Wuchs aus und ist als Naturdenkmal ausgewiesen.

Im Osten liegt Weikersholz, 500 Meter weiter entspringt die Tauber als winziges Rinnsal, dem glücklicherweise bald weitere Quellen Wasser zuführen.

Direkt vor **Kühnhard** endet die Hochfläche, man ist plötzlich in einen Hohlweg versetzt, über eine Spitzkehre kommt man wieder auf das Plateau zurück, das eine harte Schicht im Keuper darstellt. Wäre man durch die Hohle, wo Robinien wachsen, weitergegangen, hätte man nach wenigen Metern mit dem ersten Hof eine schöne **Hoflinde** bewundern können. Sie ist etwa 250 Jahre alt und hat in der Vergangenheit alle Funktionen eines Hofbaums wahrgenommen und wird trotz ihres kritischen Standorts vom Eigentümer hoch geschätzt.

Wallhausen – Crailsheimer Burgberg

Jagsttal bei Crailsheim und Burgberg

Zwischen Wallhausen und Bölgental erfreuen die vielen Apfel- und Birnbäume längs der Wege und Sträßchen. Auch Obstbäume sind wie alle Bäume langlebig und legen Zeugnis ab über eine vergangene Wirtschaftsweise.

> **Streuobstbau** war einmal in Franken und Schwaben ein bedeutender bäuerlicher Erwerbszweig. Die vielerorts lückigen Baumbestände wirken erst heute in das Grünland ‚eingestreut'. Vielleicht kommt der Begriff auch gar nicht von den in die Wiese oder Landschaft eingestreuten Obstbäumen her, sondern von der Verwendung des Laubes als ‚Streu' im Stall. Dann läge die gleiche Wortbildung wie bei der ‚sauren' Streuwiese vor, deren Schnittgut als Einstreu diente.
>
> Die hohe Zeit des Streuobstbaus kannte regelrechte „Streuobstwälder". Erst nach ihrem Brachfallen gelangten die Streuobstwiesen zu ihrer ökologischen Vielfalt und wurden zum Objekt öko-romantischer Betrachtung. Eine Streuobstwiese kann nur überleben, wenn sie genutzt wird und wenn sie ihrem Eigentümer Nutzen bringt. In bescheidenem Rahmen macht das die Vermarktung von Apfelsaft, Most oder Schnaps als spezifisches regionales Produkt möglich, kombiniert mit anderen hochwertigen, handgefertigten bäuerlichen Erzeugnissen.

Straßenobstbau

Baumwiese

> Auch die Birnbäume an der Straße, die linearen Bestände, Überreste von Birnbaumzeilen zählen zum Streuobstbau. Solche Bäume haben alle Funktionen erfüllt, die Alleebäume sonst auch hatten, und über den Obstertrag hinaus waren sie mannigfach in die bäuerliche Wirtschaftsweise eingebunden. Die Streuobstwiesenwirtschaft ist eine Doppelnutzung, sozusagen auf zwei Etagen, nämlich eine Baum- und Wiesennutzung. Daher finden nur hochstämmige Bäume im Streuobstbau Verwendung, vornehmlich Apfel- und Birnbäume. Der charakteristische Wiesentyp ist eine mäßig gedüngte, zweischürige, blumenreiche Glatthaferwiese. Sie ist Lebensraum für Vögel und Insekten, die im Maisfeld kein Auskommen haben.

Der Pilger, der aus den Schluchten besagter Maisfelder kommt, empfindet alle Obstbäume als landschaftliche Bereicherung. Und blühende Birnbäume gehören im April zu den schönsten Frühlingsboten und die Herbstfärbung einer Obstbaumlandschaft steht einem Park nicht nach.

Obst spielte in der Volksernährung eine wichtige Rolle. Frisch schmeckt es natürlich am besten, doch die Lagerfähigkeit war begrenzt. Daher galt es, das Obst haltbar zu machen. Man machte Dörrobst daraus, aus den Birnen Hutzeln oder gedörrte Birnschnitze, die man noch heute zur Weihnachtszeit im Hutzelbrot oder im Früchtebrot schätzt. Ganz wichtig war die Essigbereitung, denn Essig war eines der wichtigsten Konservierungsmittel für Lebensmittel. Die vielzitierte Mostbereitung hingegen und das Mosttrinken kommen in Württemberg erst in der zweiten Hälfte des 18. Jahrhunderts auf!

Unter ‚**Most**' versteht man im fränkischen und schwäbisch-alemannischen Sprachraum den vergorenen Saft von Äpfeln und Birnen, der anderswo ‚saurer Most' oder Apfelwein heißt. Der frische Saft, der so genannte Apfelsaft, heißt ‚Süßmost'. Nach anderem Sprachgebrauch ist ‚Most' die Bezeichnung für frischen, unvergorenen Saft, mancherorts nur für unvergorenen Traubensaft. Das Wort ‚Most' stammt von den Römern, die den jungen Wein ‚vinum mustum' nannten.

Anhäuser Mauer

Mitten auf freiem Feld steht die **„Anhäuser Mauer"**, bar aller touristischen Infrastruktur, ohne Kiosk, ohne Parkplatz, ohne Beleuchtungskörper und frei von gärtnerischer Gestaltung! Der begleitende Birnbaum wurde 2009 durch zwei Jungbäume ersetzt. Die Oberamtsbeschreibung von 1884 beschreibt das Umfeld der Anhäuser Mauer: „dürres Gras und einen wilden, verwetterten Rosenbusch".

Das Mauerwerk ist der Rest einer gotischen Kirchenwand. Ein reiches Kloster war Anhausen nicht, es wurde erst im 15. Jahrhundert gegründet, seine Schutzvögte waren die Bebenburger, die kurz vor dem Bauernkrieg ausstarben, so dass es ein Leichtes war, das Kloster auszuräuchern, zumal der neue Schutzherr wenig für es übrig hatte. Das Kloster wurde zur Domäne, nach dem Jahr 1700 wurden die Klostergüter verkauft. Die Klostergebäude wurden abgerissen, die Steine fanden beim Bau von Schloss Kirchberg Verwendung, Grund und Boden wurden der

Gemarkung Wallhausen zugeschlagen und Land für neun Bauernhöfe geschaffen. Die ausgebrannte Kirche fiel den Schatzgräbern anheim, die vergebens nach den geheimen Schätzen des letzten Paulinerabts suchten, bis schließlich der Mauerrest im Jahr 1925 Kulturdenkmal wurde.

Hinter Wallhausen haben wir endgültig die Taubergäuplatten der **Haller Ebene** erreicht, die hier eine ansehnliche Ausbuchtung nach Osten hat, die Crailsheimer Bucht. In Blickrichtung Santiago di Compostela, also nach Südwesten, erscheint die Keuperrandstufe, die nach Westen umgeschwenkt ist! Das Bergland der Frankenhöhe endet etwa bei Crailsheim und findet seine Fortsetzung vor uns im Süden im Burgberggebiet mit der Kuppe des Burgbergs, über den der Jakobsweg führt.

Das **Jagsttal** ist eine außergewöhnlich romantische Partie des Jakobswegs. Das mäanderreiche Tal ist wie ein Canyon rund 80 Meter in die harten Gesteinsschichten des Muschelkalks eingetieft. Für Tier- und Pflanzenwelt gibt es hier die unterschiedlichsten Lebensräume. Hier herrscht Vielfalt, nicht Einheit wie zwischen den endlosen Maisfeldern, die überkommenen landwirtschaftlichen Flächen werden mit herkömmlichen Methoden bewirtschaftet. Die Schafbeweidung gehört dazu. Schafe halten die flachen, südexponierten Gleithänge frei von Gestrüpp und Wald, damit die blumenreichen Säume einer wärmeliebenden Vegetation weiterhin dort wachsen und gedeihen. An den Prallhängen hingegen, zumal wenn sie nach Norden orientiert sind, bemüht sich die Forstwirtschaft den Schluchtwald und Klebwald zu erhalten. Wohltuend ist, dass das Tal keine Fahrstraße hat! Beim Heinzenmühlensteg beginnt der schönste Talabschnitt, mit einer so genannten „Urlandschaft", was sie natürlich nicht ist, aber wie sie der verstädterte Mensch erlebt.

Autobahnbrücke über das Jagsttal

Auch die Schlösserromantik fehlt nicht im Jagsttal: Hoch von der Talkante grüßt Burleswagen, eine alte Ritterburg. Unten bei Neidenfels, wo an Stelle einer alten Furt eine Straße über die Jagst führt, verlässt der Weg das Tal, führt am Auhof vorbei und oberhalb der riesigen Steinbrüche auf grünem Pfad nach **Crailsheim**.

Die besuchenswerte, fast immer geöffnete spätgotische evangelische Stadtkirche St. Johannes blieb im April 1945, als die Stadt fast ganz zerstört wurde, auf wunderbare Weise völlig unversehrt. Auch in Crailsheim erfreut Anfang Mai ein besonderer Baum und Frühlingsbote den Pilger, ein Maibaum. Denn unbeirrt halten wir auch im Alltag an Bäumen und ihren Symbolwerten fest.

Der **Maibaum** ist ein bis unter den Wipfel entasteter und entrindeter, mit Bändern und Symbolen geschmückter Baum. Im Allgemeinen eine Fichte oder Birke, je nach Region. Das Aufstellen unter Hilfe der Freiwilligen Feuerwehr am Vortag ist ein wichtiges Ereignis im örtlichen Vereinsleben und im kommunalen Geschehen. Der Brauch des Maibaumaufrichtens ist ein unverstellter Frühlingsbrauch und eine Hommage an den Baum.

Maibaum in Crailsheim

Parallel der Westbebauung von Crailsheim und Onolzheim steuert der Jakobsweg auf den **Burgbergwald** zu, der von Eichen, Hainbuchen und Rotbuchen bestimmt ist.

Der **Crailsheimer Burgberg** ist ein Vorposten des Keuperwaldlandes, ein weit nach Norden vorgeschobener Ausliegerberg und ein „Wahrzeichen des Frankenlandes".

Die Fernsicht ist einzigartig, ganz nah zeigt sich das nächste Etappenziel, der Hohenberg mit der Wallfahrtskirche St. Jakobus! Das Bergplateau überrascht mit einer Obstbaumwiese und exotischen Koniferen, den Zeichen früherer Bewirtschaftung und Nutzung.

Kaiserlinde am Fuß des Burgbergs

Landschaft bei Onolzheim mit Burgberg

Zwieselbuche   Zwieselbuche

Der Burgberg, ein urfränkischer Herrensitz, war wohl immer befestigt, bewohnt und bewirtschaftet, als markgräflicher Fohlenhof diente er der Pferdezucht und württembergisch geworden der Baumanzucht und bekam ein Forsthaus.

Auch eine Wallfahrt gab es einmal, im späten Mittelalter. Die Legende vom wundertätigen Marienbrunnen erzählt, dass ein Hirte im Schatten einer Zwieselbuche ruhte und im Traum wahrnahm, wie ein Engel Wasser aus der Gabelung schöpfte, ihm die kranken Augen benetzte und ihn von seinem Augenleiden heilte. Die Wallfahrt zu einer heilkräftigen Quelle kam um 1442 auf und florierte so gut, dass eine Kapelle mit Kaplanstelle errichtet werden konnte sowie ein Pilgerhaus. „Mit der Reformation hörten die Wallfahrten auf, die Quelle versiegte und die Kapelle verfiel", weiß die Ortsbeschreibung.

Eine Zwieselbuche ist eine Buche, deren Stamm sich in ungefähr zwei gleichstarke Stämmlinge gabelt, eigentlich eine Zwillingsbuche. Beim V-förmigen Druckzwiesel ist der Winkel zwischen den Stämmlingen klein und es kommt zu Spannungen, oft wächst Rinde ins Innere ein und es können Risse entstehen, auf die der Baum zwar reagiert, dennoch kann es zu gefährlichen Astausbrüchen kommen. Der U-förmige Zugzwiesel ist hingegen im allgemeinen statisch stabil.

Der **Mammutbaum** oder die **Wellingtonie** (Sequoiadendron giganteum) ist ein nordamerikanischer Waldbaum und gehört zu den eindrucksvollsten Bäumen der Erde. Er kann 120 Meter hoch und 10 Meter im Umfang erreichen und über 3000 Jahre alt werden. Der Mammutbaum gedeiht gut in ganz Süddeutschland, wenn man davon absieht, dass er in der Jugend etwas frostempfindlich ist.

Die ersten Samen des Riesenbaums gelangten um 1850 durch Pflanzenjäger zur Anzucht nach England. Auch König Wilhelm I. von Württemberg, ein eifriger Förderer der Land- und Forstwirtschaft in seinem Königreich, ließ Samen bestellen. Alle alten Wellingtonien Württembergs gehen auf diese spektakuläre Aussaat von 1864 in der königlichen Hofgärtnerei, die in der Wilhelma war, zurück. Es waren viel zu viele Samen, teuer waren sie auch, und es ist nie ganz geklärt worden, worauf der Irrtum beruhte. Die Hälfte der Sämlinge, etwa 3000 – 4000 Stück, wurden von der Hofgärtnerei im Jahr 1866 an die Forstdirektion zwecks Verschulung ausgeliefert und wurden in den Staatsforsten in den folgenden Jahren und Jahrzehnten meist in Gruppen an markanten Wegkreuzungen ausgepflanzt.

Als Forstbaum konnte sich der Riesen-Mammutbaum nicht etablieren und blieb Schmuckbaum besonderer Plätze im Wald. Im allgemeinen sind diese Bäume inzwischen höher als die heimischen Waldbäume geworden und viele haben deshalb den Wipfel durch Blitz oder Sturm eingebüßt. Wenn sie nicht aus Sicherheitsgründen ganz entfernt wurden, haben sie mitunter eine sekundäre Krone entwickelt, die gelegentlich zweigipflig ist wie bei einem der Bäume auf dem Burgberg. Die Überreste eines abgegangenen Baums finden dann schon mal als apartes Täferholz in einer Waldhütte Verwendung und ein überlebender blitzgefährdeter Baum erhält gelegentlich einen Blitzableiter.

Mammutbaum auf dem Burgberg

Über den Reußenberg zum Burgberg

Wer Crailsheim kennt und eine Abkürzung wählen will, kann in der Nähe des Autobahnviadukts auf dem Heinzenmühlensteg die Jagst queren, um an kleineren aufgelassenen Steinbrüchen und am Baierlesstein vorbei, die vertraute Gäuhochfläche zu erreichen. Die Zufahrt zum verträumten Schloss in **Erkenbrechtshausen** säumt eine alte, aber noch immer schöne Allee aus hoch aufgeasteten Rosskastanien. Schlossauffahrten haben zum Zweck der Repräsentation Alleen aus Grossbäumen, meist dicht gepflanzt, so dass sich die Kronen zu einem geschlossenen Laubdach schließen. Sie führen einerseits zielgerichtet auf das Gebäude, sind aber andererseits selbst ein eigenes „Bauwerk".

Der Ort Rüddern, auch das benachbarte Triensbach, überraschen mit schönen Nussbäumen. Die größte Überraschung ist der **Reißenberg** oder **Reußenberg,** der nämlich kein Berg ist, sondern nur eine Anhöhe, die mit einer Unzahl von Dolinen regelrecht durchlöchert ist. Sie sind oval, rund, muldenförmig, trichterartig, mal trocken, mal sumpfig oder wassergefüllt. Ihre Existenz verdanken sie der Auflösung von Gips im Untergrund. Die großen Dolinenweiher, die hier Lachen heißen, wurden fischereilich genutzt und sind in der Vergangenheit zusätzlich aufgestaut worden. Die bruchwaldartigen Erlen-, Birken- und Weidengebüsche, die Röhrichte und moorigen Flächen wirken auf jemanden, der direkt aus dem felsigen Jagsttal hochkommt, ausgesprochen fremdartig.

Kastanienallee in Erkenbrechtshausen

In **Maulach,** das an den ‚Mulachgau' der alten fränkischen Gauverfassung erinnert, queren wir Straße und Bahnlinie, hier verläuft ein alter Ostwesttransit. Direkt am Bahnkörper stehen die ersten schönen Eichen, denn das Land wird nun eichenreich. Die „Kleine Markgrafeneiche" ist eine typische „Weideiche", auch wenn sie weder von Schweinen noch Rindern umgeben, sondern von Fichten umzingelt ist. Der Anstieg zum Burgberg ist hier zügiger als von Crailsheim her, auf einer Verebnungsfläche steht der Torso der **„Markgrafeneiche"**. Ihr Stammumfang beträgt 5,60 Meter, ihr Alter wird aufgrund von Jahresringzählungen an einem abgebrochenen Starkast auf über 350 Jahre geschätzt. Sie ist älter als der sie umgebende Wirtschaftswald und dürfte nach dem Dreißigjährigen Krieg groß geworden sein, wohl mit anderen Eichen im Weidewald. Sicherlich ist sie im markgräflichen Fohlengarten gestanden und hat einen besonderen Status erlangt, was sich in ihrem Namen ausdrückt, denn irgend jemand muss sich ihrer angenommen haben, damit sie so alt werden konnte.

Markgrafeneiche

Burgberg – Hohenberg

Speltachtal und Fleckenbacher See

Vom Burgberg geht es nach Süden in den weiten Talraum der **Speltach**, die nach Osten entwässert und kaum ein Gefälle hat. Der Weg von Oberspeltach bis Mainkling, der vom Burgberg aus so eben wirkte, ist gekennzeichnet von Anhöhen und Tälchen, freundlichen Weilern und abwechslungsreichen Landschaftsbildern.

Unmerklich gelangt man stetig höher. Landschaftsprägend sind mehrere Baumgruppen an den Hängen und auf den Hügeln. Es handelt sich um **Eichenhaine**.

> Haine erwecken in uns die Sehnsucht nach Arkadien. Haine übertreffen die Wälder an Bildern und Eindrücken. Sie sind geheimnisvoll, aber nicht unheimlich. Die Evolutionsbiologie versucht, die Vorliebe des Menschen für Haine und Parklandschaften mit der Savannenhypothese zu erklären. Sie besagt, dass solche Landschaften ideale Lebensräume für die Entwicklung des Menschen in der Vorzeit gewesen seien und Haine uns an die Savanne erinnerten – vielleicht auch an den Garten Eden, wer weiß? Für einen prähistorischen Menschen jedenfalls sei ein Hain überschaubar, biete Schutz, ermögliche die Flucht auf einen Baum, sei reich an Wild, verfüge irgendwo über Quellwasser, und die Bodenvegetation liefere Kräuter und Früchte. Wen wundert es da noch, dass in Parks und Hainen die Götter verehrt wurden?

Eichenhain im Speltachtal

Die Eichenhaine im Raum der Speltach sind Relikte einer Weidelandschaft und bezeugen eine vergangene Wirtschaftsweise: Schafweide im Sommer, Schweinemast im Spätherbst, daneben Stammholzertrag, heute würde man das eine agroforstliche Nutzungsform nennen. Zur Zeit werden die Heiden von Schafen beweidet, denn nur so können sie erhalten werden.

> Die **Eiche** ist - wie jeder weiß - ein Attribut von Blitz- und Donnergöttern, und eine knorrige alte Eiche nennt man scherzhaft eine „Wotanseiche". Der Baum hat einen starken Rückbezug in die graue Vorzeit. Bei den europäischen Völkern war die Eiche Sitz oberster Gottheiten. Das archaische Heiligtum der Griechen in Dodona war in einem Eichenhain. Auch die alten Römer hatten ihre Eichenheiligtümer. Der druidische Eichenkult bei den Kelten ist legendär und bei den Germanen weissagte man aus dem Rauschen der Eichen. Die Christianisierung überlebten die Eichen im Allgemeinen nicht, denn Mission ging mit Baumfällen einher. Die Erinnerung an die alte Baumverehrung muss sich aber lange gehalten haben, denn noch im 11. Jahrhundert heißt es in einem Bericht aus dem Kloster St. Emmeran in Regensburg: „Es gibt Bauern, die es für einen Frevel halten, in einem Wald Bäume zu fällen, unter denen einst die Heidenpriester geweissagt haben!"
>
> Angeblich sollen Eichen Blitze anziehen können und wären deshalb besonders vom Blitzeinschlag betroffen. Die Begründung lautet, ihre Borke sei triefnass vom Gewitterregen und die Eiche stünde „mit den Füßen" ohnehin oft im Wasser. Auch die herausragenden kahlen Kronenäste werden fürs Blitzanziehen verantwortlich gemacht. Lokale Beobachtungen stützen solche Vermutungen ganz sicherlich. Doch naturwissenschaftlich Interessierte haben nachgezählt: Der Blitz schlägt mit statistisch gleicher Häufigkeit in Eichen wie in andere Bäume ein! Und barer Unfug ist der schöne Spruch: „Eichen sollst du weichen, Buchen sollst du suchen, kannst du Linden grad nicht finden!"
>
> Die Eiche, die in so besonderem Maße als deutscher Baum gilt, dass sich sogar das Eichenlaub auf deutsche Euromünzen retten konnte, ist mit symbolischen Bedeutungen geradezu überfrachtet. Die Eiche ist das Symbol für Ehre, Königstreue, Heldentum, Männlichkeit, unerschütterliche Festigkeit, konservative Gesinnung, Ruhm und Sieg. Kurzum: Die Eiche ist das Sinnbild männlicher konservativer Tugenden und Inbegriff von Kraft und Stärke, ein wahrer Schutz- und Trutzbaum!
>
> Die Eiche wird gern als Gegenpol zur Linde betrachtet. Sie verkörpere das männliche Prinzip, während die Linde für das weibliche Element stehe. Die Eiche stehe für Tugend (virtus), die Linde für Weisheit (sapientiae). Doch so eindeutig ist das leider nicht. Der kulturhistorische und religiöse Werdegang der Bäume war lang und findet seinen Niederschlag in vielfältigen und widersprüchlichen Symbolen, die nicht der Phantasie entspringen, denn sie haben immer einen Wirklichkeitsbezug, ein Stück Wahrheit oder eine geschichtliche Erfahrung.
>
> Selbstverständlich war die Eiche und das Laub immer auch das Attribut des Adels und es war dessen Vorrecht, die Eiche im Wappen zu führen. Im alten deutschen Kartenblatt ist das Eichelblatt das Adelsblatt. Als sich im 19.

Jahrhundert Klopstock und seine Zeitgenossen auf das deutsche Altertum besannen, wählten sie zur Ehrung statt des antiken Lorbeers das Eichenlaub der germanischen Eiche, obgleich die Antike neben dem Lorbeerkranz auch den Eichenkranz kannte. Die von nun an ‚deutsche Eiche' machte rasch Karriere und das in den Befreiungskriegen gestiftete Eiserne Kreuz von 1813 ist auf der Rückseite mit Eichenlaub geschmückt. Dann wurden Eiche und Eichenlaub ein oppositionelles, ein „demokratisches" Emblem! Nach der Revolution von 1848 wurde das revolutionäre Symbol „entschärft" und erfolgreich von der Staatsmacht vereinnahmt.

Solitäre Eiche

Die **Stiel-Eiche** (*Quercus robur*) ist ein europäischer Waldbaum. Sie wächst langsam und wird gewöhnlich 500 bis 700 Jahre alt. Die älteste deutsche Eiche soll die Ivenacker Eiche bei Neubrandenburg sein, ihr Alter wird auf 1000 Jahre geschätzt. Es gibt aber mindestens ein halbes Dutzend Alteichen, die ihr diesen Rang streitig machen! Die Stiel-Eiche wird 30 bis 35 Meter hoch, ausnahmsweise auch höher. An ihren Standort hat sie hohe Ansprüche. Außer Licht braucht sie frischen tiefgründigen Boden, sie bevorzugt warme, niedere Lagen, spätfrostempfindlich ist sie auch und meidet kalte Muldenlagen. Gut gedeiht sie auf staufeuchten schweren Lehmböden. Sie ist namengebend für den Eichen-Hainbuchenwald sowie für die bodensauren Eichenwälder. Junge Eichen haben eine glatte silberglänzende Rinde, eine Spiegelborke, sie verwandelt sich zwischen dem 20. und 30. Lebensjahr in die typische längsrissige, graubraune Eichenborke. Sie schützt wie bei allen Bäumen vor Wasserverlust, schnellem Temperaturwechsel und mechanischen Verletzungen.

Im April oder Mai schlägt die Eiche aus. Kennzeichnend für das Eichenblatt ist der gebuchtete Blattrand. Bei der Stiel-Eiche bildet der Grund der Blattspreite kleine Öhrchen. Der Blattstiel ist kurz. Die Variationsbreite ist beträchtlich. Die Blätter sitzen in steifen Büscheln an den Zweigenden, auch aus diesem Grund ist die Krone licht. Die Herbstfärbung setzt früh ein, es ist ein bescheidenes glanzloses Braun. Eichen verlieren ihr Laub nie ganz, die letzten vorjährigen Blätter fallen nicht, bevor die neuen austreiben. Im Märchen vom Bauer und dem Teufel hat der Bauer diesen Umstand sehr wohl gekannt, und so vermachte er in der Not seine Seele dem Teufel unter dem Vorbehalt, dass sie ihm erst anheimfalle, wenn sein Eichbaum keine Blätter mehr trage. Der Teufel merkte zu spät, dass er überlistet worden war, und im Zorn fuhr er mit den Krallen von oben nach unten über den Stamm und seither ist die Borke der Eichen tief zerfurcht!

Die Blüten erscheinen mit den Blättern. Die Eiche ist windblütig, was bedeutet, dass die Blüten vom Wind bestäubt werden und auch einen entsprechenden Blütenbau haben, vor allem verzichten sie auf insektenanlockende bunte Blüten. Die gelbgrünen männlichen Kätzchen, die umgangssprachlich „Würstchen" heißen, tragen an der langen Spindel kleine Blütenknäuel. Ihr Pollen wird von Wild- und Honigbienen gesammelt. Die weiblichen Blüten sitzen zu zweit bis fünft zusammen am selben Zweig an einem langen Stiel. Als Kätzchen werden Blütenstände bezeichnet, bei denen die Blüten in dichten Ähren um die gemeinsame, meist hängende Spindel stehen. Viele heimische Waldbäume sind Kätzchenträger, wobei die männlichen Blüten immer, die weiblichen nur manchmal in Kätzchenform auftreten. Bekannte Beispiele sind die Hasel, die Birke und Erle, alle Pappeln, aber auch die Buche.

Die Frucht besteht aus einer einzelnen Eichel, botanisch gesehen einer Nussfrucht. Der Name ist ursprünglich die Verkleinerungsform von Eiche und bedeutet etwa „das Söhnchen der Eiche". Die Eichel sitzt wie in einem Schälchen in ihrem schuppigen Fruchtbecher, der Cupula. Auch bei den Buchen und Edelkastanien sitzen die Früchte in einem solchen Becher, und auch sie haben männliche Kätzchenblüten: Alle drei Baumarten sind miteinander verwandt.

Eichen sind als Flur- und Hofbaum in ganz Deutschland verbreitet. Ihr Schwerpunkt liegt eindeutig im nördlichen Deutschland. Dort sind sie als Hofbaum oder als Windschutzgalerie um die Gehöfte weit verbreitet.

Wie bei den Linden wird selten zwischen den beiden heimischen Eichen, der Stiel-Eiche und der Trauben-Eiche, unterschieden, sie haben etwas andere Standortansprüche, sind sich aber sonst recht ähnlich und neigen zur Hybridbildung.

Eiche und Linde sind bis heute die bedeutendsten und wichtigsten Bäume in der Landschaft ganz Süddeutschlands.

Bei Mainkling

Über Gründelhardt erreicht man **Hellmannshofen,** wo die alte Kapelle zum heiligen Lukas überrascht, die schon lange nicht mehr gottesdienstlich benützt wird, seit der Renovierung aber für standesamtliche Trauungen. Auch das hergerichtete Umfeld erfreut, obgleich man sich höher wüchsigere Bäume vorstellen könnte. Obstbaumreich geht es weiter, oberhalb von **Mainkling** erreichen wir die Keuperwaldberge. Die kleinen Weiler und Höfe im Wald warten alle mit schönen Einzelbäumen auf, Eichen beim Hirschhof und Linden beim Ipshof.

Der idyllische **Fleckenbachsee** ist einer der wenigen verbliebenen Weiher im Waldgebiet des Virngrunds und die Fleckenbacher Sägmühle erinnert an das einstige Waldgewerbe. Es ist das Wasser der Blinden Rot, die unweit ihren Ursprung hat und immerzu direkt nach Süden fließt, von rechts und links „muntere Waldbäche" aufnehmend und schließlich in den Kocher mündend.

Schwarzerle (Alnus glutinosa). Erlen stehen an Gewässern, ihre düstere Erscheinung passt so recht zu ihrem Standort am Wasser. Im Erlenbaum lebten nach alter Glaubensvorstellung - ähnlich wie in der Birke - wohlwollende Baumfrauen, die nach ihrer Dämonisierung den einsamen Wanderer in die Tiefe des Wassers zerren wollen. In den Sinngehalten, die Bäumen zugesprochen werden, treffen sich - wie das schon bei der Linde und der Eiche aufschien - Naturwissenschaft, Religion, Kulturgeschichte und Poesie zu einer schillernden Mischung! Viele symbolische Aussagen basieren auf biologischen oder medizinischen Eigenschaften. Bäume haben auch verschiedene, sogar gegensätzliche Sinninhalte, was leicht passiert, wenn die alten Vorstellungen in der Hülle des neuen Glaubens weiterleben.

„Wer reitet so spät durch Nacht und Wind", passt so recht zu den nebeligen unheimlichen Orten, wo die Irrlichter fahl zwischen den Stämmen aufschimmern. Unerheblich ist dabei, ob der Erlkönig der König im Erlenwald sei oder der König der Elfen.

Erlenstämme sind rissig und schwarz, das Laub ist dunkelgrün, auch im Herbst, denn wie die Esche hat die Erle keine Herbstfärbung. Die Laubblätter sind rund-oval und an der Spitze eingekerbt – ein gutes Erkennungsmerkmal. Erlen sind relativ lichtbedürftig, erhalten die Blätter im Bauminneren im Hochsommer nicht mehr genügend Licht, so wirft sie der Baum ab, der Wanderer geht dann über einen gespenstisch grünen Teppich. Im Wasser werden die Blätter schwarz und die Rinde wurde früher zum Schwarzfärben verwendet sowie zum Gerben und Imprägnieren von Fischernetzen. Schwarzerlen - oder Roterlen wie sie auch heißen - können sich mit dem hohen Grundwasserstand im Boden und mit Überflutungen arrangieren, was außer ihnen nur die Weiden können, daher bestehen Bachufergehölze bei uns meistens aus diesen beiden Gehölzarten.

Erlen wurzeln senkrecht in die Tiefe, sie bilden im Wasser ein regelrechtes Palisadenwerk, ein natürliches Wehr, das Unterspülungen unmöglich macht. Wasserbaulich ist die Erle daher zur Uferbefestigung von Nutzen. Sie wird auch für Faschinen und Pfahlgründungen im Wasser genutzt, weil das Holz unter Wasser dauerhaft und fest wird wie Eichenholz. Das frisch geschlagene Holz leuchtet rot-orange worauf sich die Bezeichnung ‚Roterle' bezieht.

Die Erle ist schnellwüchsig, wird nur 30 Meter hoch und nur 120 Jahre alt. Sie wächst mit gerade durchlaufendem Haupttrieb, schlank und pyramidenförmig, Gabelungen kommen praktisch nicht vor.

Erlen haben Kätzchenblüten, die männlichen und weiblichen Kätzchen erscheinen schon im Herbst vor dem Laubfall und bleiben überwinternd am Baum. Es bleiben aber auch die Früchte, kleine verholzte „Zäpfchen" hängen, denn die Fruchtreife ist erst im folgenden Frühjahr, so dass eine Erle im Winter nie dürr und kahl dasteht. Die winzigen Samen fliegen zur Zeit der Schneeschmelze und liegen wie Ruß auf der Schneedecke.

Fleckenbacher See mit Erlenbestand

Nach steilem Anstieg kreuzt der Waldweg die aufgestauten Quellbäche des Eisenbachs. Das ganze Sandsteingebiet ist bewaldet, es gehört zum Virngrund, vorherrschender Waldbaum ist die Fichte. Am Waldrand bei Geiselrot schafft uns eine Infotafel über den Jakobsweg Gewissheit, dass wir auf dem rechten Weg sind. Vor uns liegt der Hohenberg – „als eine sanfte Pyramide aus der Waldgegend leicht und beherrschend aufsteigend", wie es in der Beschreibung des Oberamts Ellwangen von 1886 heißt.

Auf dem Hohenberg

Hohenberg ist einer der schönsten Orte am Jakobsweg und ein wahrer **Pilgerort**: Da ist die Lage auf der Berghöhe, die Jakobuskirche, das Pilgerhospiz, der Kirchhof mit seiner Linde, die geschichtlichen Erinnerungen, die Abwesenheit der Stadt, die Ruhe, und dennoch ist der Ort nicht museal, sondern voller Leben.

Der Hohenberg ist waldfrei und wohl seit Urzeiten eine Hochwacht von strategischer Bedeutung, was ein altes Heiligtum nicht ausschließt. Früh kam der Berg in den Besitz des Klosters Ellwangen, auch die Kirche ist eine ellwangische Gründung, in ihren Ursprüngen romanisch, zeitweise bestand eine Klosterfiliale.

Die spätmittelalterliche Straße von Crailsheim nach Ellwangen nahm einige Jahrhunderte lang die Route über Hohenberg bzw. Rosenberg. Am Fuß des Bergs im Ort bestand eine Jakobsbruderschaft (seit 1526) und eine Unterkunft für Pilger. Somit kann Hohenberg tatsächlich mit einem ‚historischen' Pilgerweg und einem alten Jakobuspatrozinium aufwarten. An diese Umstände erinnert die Skulptur des Pilgerpaares.

Maßgeblicher Initiator des neuen Fränkisch-Schwäbischen Jakobswegs (seit 1999) und des neuen Pilgerhospizes auf dem Hohenberg ist Sieger Köder, Seelsorger und Pfarrer, heute im Ruhestand in Ellwangen lebend. Er ist als Künstler durch seine religiösen Bilder bekannt geworden, und selbst wenn man müde in Hohenberg angekommen ist, wird man noch von den glühenden Farben seiner Kirchenfenster in St. Jakob fasziniert sein.

Pilgerskulptur auf dem Hohenberg

Die **Aussicht vom Hohenberg** ist großartig, man überblickt die schier endlosen Wälder des Virngrunds. Im Osten erhebt sich darüber bei ganz klarem Wetter der Hesselberg, dann folgen die Höhen um Ellenberg und weiter gegen Süden Schloss Baldern und der Ipf. Herwärts liegt die doppeltürmige Marienwallfahrtskirche auf dem Schönenberg und daneben Schloss ob Ellwangen, ummantelt von der Höhenbebauung der Stadt Ellwangen. Im Süden erheben sich die Randhöhen der Schwäbischen Alb mit der Kapfenburg, dem Braunenberg, Volkmarsberg, Rosenstein, Bernhardus und den Kaiserbergen. Im Westen begrenzen den Blick die Waldgebiete von Welzheimer Wald, Limpurger Bergen und Waldenburger Bergen. Im Norden erheben sich über Rosenberg der Burgberg und östlich davon die „Klippen" von Crailsheim.

Der Berg hat mit einer bedeutenden **Frühgeschichte** aufzuwarten. Er war Grenzpunkt an der scharfen Trennungslinie zwischen Franken und Alemannen, die nach der Niederlage der Alemannen um das Jahr 500 festgelegt wurde. Sie verlief vom Hesselberg durch den Virngrund, dabei den Wasserscheiden und alten Höhenwegen folgend, nach Murrhardt, weiter über den Lemberg zum Asperg und zur Hornisgrinde im nördlichen Schwarzwald. Nachweislich fassbar wird die Grenzlinie erst in karolingischer Zeit um das Jahr 800. Die Sprachgrenze zwischen dem fränkischen und alemannisch-schwäbischen Dialekt hat sich, von einigen Verschiebungen abgesehen, Jahrhunderte lang an diesen imaginären Limes gehalten und verwischt sich erst in den letzten Jahrzehnten. Gemäß der fränkisch - karolingischen Reichspolitik waren die politischen Grenzen zugleich auch Bistumsgrenzen, und auch diese waren rund tausend Jahre lang an dieser Linie festgemacht. Hier im ostwürttembergischen Raum war das im Norden das fränkische Bistum Würzburg, im Süden das alemannische Bistum Augsburg.

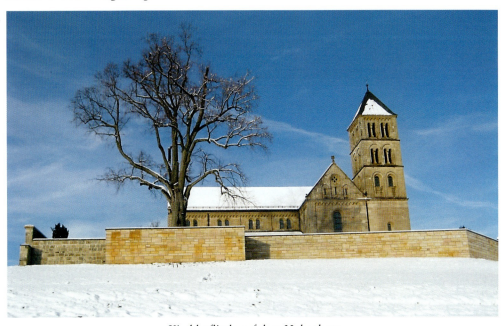

Kirchhoflinde auf dem Hohenberg

Lindenallee

Der Hohenberg hat auf dem Bergkirchhof eine landbeherrschende **Linde**, eine Winterlinde. Der starke Eindruck, den die Höhenkirche von Süden macht, beruht wesentlich auf der harmonischen Einheit von Baum und Bauwerk. Nach dem Abstieg lohnt sich der Blick zurück, denn selten ist die Verbindung von Baum und Baumwerk in der Landschaft so gegenwärtig wie hier.

Als Pilger kommt man auf dem Fußpfad von Rosenberg über den Nordhang auf den Berg, der Hauptzugang ist die **Lindenallee** des Kreuzwegs. Sie ist eine Kostbarkeit, obgleich sie mit einer Platane beginnt. Schade ist, dass ihre Wirkung unter der bergan kriechenden Bebauung leidet und sie sich gestalterisch diffus im Begleitgrün der Parkierungsfläche auflöst.

> Als **Alleen** bezeichnet man zwei gleichförmige Baumreihen, die einen Weg oder eine Straße säumen und geplant und gepflanzt worden sind. Die Alleen der bäuerlichen Kulturlandschaft sind die Landschaftsalleen, die, um der Bezeichnung zu genügen, eine gewisse Länge und einen angemessenen offenen Raum zu beiden Seiten haben sollten. Sie verdanken ihre Anlage dem Landausbau im Mittelalter, im Barock und in der Zeit der Frühindustrialisierung und sind durch obrigkeitliche Anordnung entstanden.

Ulme auf dem Hohenberg

Eine andere Kategorie sind die repräsentativen Gartenalleen des höfischen Barock. Zu ihnen zählen auch die der gartenkünstlerischen Planung entstammenden Zu- und Auffahrtsstraßen von Schlössern und Lusthäusern, die fürstliche Macht repräsentieren sollen und keine produktiven Absichten haben. Bevorzugte Baumarten dafür waren Eichen, Linden und Rosskastanien, während an den Überlandstraßen, den Heer- und Salzstraßen auch Bergahorn und Esche standen und natürlich immer wieder die Linde.

Etwas besonderes unter den Bäumen auf dem Hohenberg sind die **Ulmen**. Am Parkplatz weist eine bescheidene Infotafel darauf hin. Eigentlich dürfte es nur eine sein, es stehen dort aber drei Bergulmen und wie in der Ringparabel lässt sich wohl nicht mehr entscheiden, welches die „rechte" ist. Eine Teilnehmerin des Frauenbundes soll anlässlich eines Ausflugs nach Hirsau ein Reis von der berühmten ‚Ulme zu Hirsau' mitgebracht und hier auf dem Hohenberg im Jahr 1987 in den Boden gesteckt haben – und es ist angewachsen wie einst der Stab des heiligen Martin von Tours. Die Hirsauer Ulme hat schon zwei Jahre danach der Pilztod ereilt, sie hat inzwischen eine Nachfolgerin und hier immerhin einen direkten ‚Abkömmling'. Ulmen versinnbildlichten einmal das reformatorische Bewusstsein, was eine stattliche Zahl von Luther-Ulmen bezeugen konnte. Auf jeden Fall ist es sehr schön für einen Pilger, Ludwig Uhlands Trutz- und Freiheitslied auf diesem Berg zu lesen. Die Ulme stand übrigens nicht, wie Uhland schreibt, in der Klosterruine, sondern in der Ruine des herzoglichen Jagdschlosses. Hirsau war nach der Reformation evangelische Klosterschule, dann zum Jagdschloss erweitert und 1683 von den Franzosen unter Melac niedergebrannt worden.

Berg-Ulme (*Ulmus glabra*). Auch die Ulmen sind ursprünglich Waldbäume. Es gibt drei Arten: Berg-Ulme, Feld-Ulme und Flatter-Ulme. Sie lassen sich an den Blättern und noch besser an den Früchten unterscheiden. Allen drei gemeinsam ist die asymmetrische Blattform: Eine Blatthälfte ist größer und sitzt tiefer am Blattstiel an. Am verbreitetsten und bekanntesten ist die Berg-Ulme, und wenn man von Ulmen spricht, dann ist zumindest in Süddeutschland die Berg-Ulme gemeint. ‚Ulme' ist dem Lateinischen entlehnt, der deutsche Name ist ‚Rüster', so heißt bis heute das Holz.

Blatt der Berg-Ulme

Zur Kulturgeschichte der Ulme ist zu sagen, dass sie der Baum des heiligen Martin ist, des Stammesheiligen der Franken. Noch heute sind in einigen Gegenden Frankreichs Ulmen als Kirch- und Dorfbaum gebräuchlich.

Ulmen galten als Bäume der Trauer und waren beliebte Parkbäume unserer Friedhöfe. Hinter dem Chor von St. Jakob steht ein prächtiges Exemplar einer Laubenulme, die gleichsam doppelt Trauer trägt. Es handelt sich um die Hänge- oder Trauerform (‚Pendula') mit bogig hängenden Ästen und großem dunkelgrünem Laub. Wie der Name vermuten lässt, bevorzugt die Bergulme montane Lagen. Sie gedeiht vorzüglich am Bergfuß von schattigen Hangwäldern des Berglands und in kühlen Schluchtwäldern, zusammen mit Esche oder Bergahorn. Auch auf steilen Hängen und auf bewegtem Hangschutt kann man sie antreffen, wo sie gegenüber Buche und Fichte konkurrenzfähig ist.

Die Berg-Ulme ist von schlanker Gestalt. Sie hat einen geraden Stamm, der weit in die Krone hineinreicht. Im winterkahlen Aspekt kommt die eigentümliche Architektur des Geästs voll zur Geltung. Der Baum wird 25 bis 35 Meter hoch und bis zu 20 Meter breit, und erreicht ein Alter von 400 Jahren.

Die Blätter haben den ulmentypischen asymmetrischen Blattgrund, für die Berg-Ulme spezifisch ist die dreiteilig auslaufende Spitze, die aber nicht bei allen Blättern ausgebildet ist! Der Blattrand ist doppelt gesägt. Die Blattstruktur ist oberseits rau und derb. Charakteristisch sind auch die zickzackförmig wachsenden Zweige mit den zweizeilig angeordneten Blättern. In der alten bäuerlichen Wirtschaft lieferte die Ulme wie Feldahorn und Esche gutes Laubfutter, das man durch Schneiteln gewonnen hat.

Die Ulme ist ein Frühblüher, die Zwitterblüten sind bräunlich bis rotviolett und brechen in dichten Büscheln an den alten Trieben hervor - lange bevor die Blätter erscheinen. Ulmenpollen gehört zur ersten Bienennahrung im März. Auffälliger als die bescheidenen Blüten sind die massenhaften Büschel der geflügelten Früchte, die von Unkundigen als Laubaustrieb gedeutet werden. In der Tat sind sie grün und die blattartige Flügelhaut ist zur Photosynthese befähigt. Es sind Nüsschen, die inmitten des Flügels sitzen und pendelnd oder schaukelnd zur Erde sinken, um vom Wind als lindgrüne Matte fortgetrieben zu werden.

Das Holz der Ulme ist ein schönes, wertvolles Holz und wird zu Möbeln, Furnier und Wandtäfer verarbeitet. Das zähe, harte und dauerhafte Holz fand früher auch Verwendung in der Drechslerei und in der Wagnerei. Wie einst die Eibe und später der Nussbaum hatte auch die Ulme eine Zeit lang wehrtechnische Bedeutung: Die Geschützlafetten waren aus Ulmenholz - und eigens für diesen Zweck wurden Ulmen alleemäßig angebaut.

Ulmen waren neben den Winterlinden unsere bedeutendsten Großbäume in städtischen Parkanlagen. Sie sind durch das so genannte Ulmensterben, eine Pilzerkrankung, weitestgehend verschwunden. Verursacher sind zwei aus Asien über Holland eingeschleppte Schlauchpilze, die im haarfeinen Wasserleitungssystem der Bäume wuchern und es verstopfen, bis der Baum austrocknet und stirbt. Die Übertragung erfolgt durch den Ulmen-Splintkäfer, einen relativ harmlosen Borkenkäfer, der jedoch junge Ulmenzweige beim Reifefraß mit Pilzsporen infiziert. Dank intensiver Züchtung sind heute mehrere pilzresistente Klone auf dem Markt, die in Parks und Grünanlagen gepflanzt werden.

Am Hohenberg hat nicht nur endgültig der Landschaftsaspekt gewechselt, auch die traditionelle und noch heute mehrheitliche Konfessionszugehörigkeit. Führte der Weg hierher durch evangelisch geprägte Gebiete, so hat sich das in Rosenberg geändert. Der Weg führt dann von Abtsgmünd bis Böhmenkirch durch ehemals katholische Ländereien, was die Feldkreuze am Wegrand eindrücklich dokumentieren. Machen wir uns also auf den Weg! Auf dem Weg sein, sich bewegen, heißt auch - orientiert am Herkunftswörterbuch der deutschen Sprache - „abwägen, sich zu etwas entschließen". Auf dem Weg entfernt man sich von einem Ort und einem Denken und nähert sich einem neuen Ort oder Gedanken.

Ein Abstecher nach **Ellwangen** lohnt sich wegen der schönen unzerbombten Altstadt und wegen der Wallfahrtskirche auf dem Schönenberg, zu der eine der berühmtesten Lindenalleen des Landes hochführt, einem denkmalgeschützten Ensemble mit 15 dem Marienleben gewidmeten Rokokokapellen. Die Lindenallee besteht aus Sommer- und Winterlinden, die ältesten darunter könnten 300 Jahre alt sein.

Sieht man von den Lindenalleen ab, ist das ellwangische Gebiet ein Land „einzelner Eichen", was schon Johann Wolfgang Goethe auf der Durchreise aufgefallen ist. Was Wunder, dass den dort reichlichen Quellen und Brunnen nicht Linden, sondern Eichen zugeordnet sind, manchmal zusätzlich mit einer Brunnenkapelle. „St. Maria in der Eich" nannte sich eine solche Lokalität nahe Rindelbach im Jagsttal, heute nach Ellwangen eingemeindet. Der Brunnen läuft noch, die mächtige Stieleiche mit einem Umfang von 5,80 Meter musste wegen Gefährdung der Eisenbahnlinie gefällt werden, Ort der Marienverehrung ist die gotische Eichkapelle, die nun endlich wieder außer einer Strobenkiefer und einer Amerikanischen Roteiche eine junge Stieleiche schmückt. Die Dreiheit von Eiche, Quelle und Marienverehrung fand sich auch auf halbem Weg zum Schönenberg, mitten in der berühmten Lindenallee, aber älter als diese. Die Eiche ist abgegangen, die Brunnenstube noch da, die Marienkapelle in eine wasserfreie Lourdesgrotte verwandelt und unweit davon wächst eine hoffnungsvolle Jungeiche.

Lindenallee auf den Schönenberg

Hohenberg - Hohenstadt

Virngrund und Tal der Blinden Rot

Der direkte Weiterweg führt durch die „Waldgründe" des Virngrunds, bzw. durch die Ellwanger Berge, wie der westliche Teil heute gern genannt wird. Ursprünglich bezeichnete der Virngrund weniger ein Waldgebiet als einen Rechtsbezirk, der von Oberkochen bis Ansbach reichte, 1024 erstmals genannt wird und königlicher Bannforst war. Größte Erbin und Rechtsnachfolgerin der staufischen Königsmacht wurde die Abtei Ellwangen.

Siedlungsform im Virngrund waren Weiler und Mühlen, eine ganze Reihe von ihnen ist abgegangen. Lebensgrundlage waren Wald- und Weiherwirtschaft mit Jagd, Waldweide, Sägmühlen, Fischzucht, Köhlerei und Harzgewinnung. Große Mengen an Brennholz und Holzkohle benötigten die Glashütte in Rosenberg, der Hochofen in Abtsgmünd und die Eisenwerke in Wasseralfingen. In den letzten 50 Jahren haben sich von den randlichen Städten her Wohn- und Industriedörfer im Waldgebiet großflächig ausgedehnt.

Der Wald ist ein Nadelwaldgebiet, was schon vom Hohenberg aus zu erkennen war. Es sind überwiegend Fichtenwälder, stark ist auch die Tanne vertreten, die hier primär vorkommt und im quasimontanen Virngrund mit seinen hohen Niederschlägen gut gedeiht.

Weg durch den Virngrund

Sowohl Fichte als auch Tanne gelten als „Tannenbaum", das gilt besonders für die geschmückten Tannenbäume zu Weihnachten, dem Weihnachtssymbol unseres Kulturkreises schlechthin. In Deutschland werden pro Jahr rund 28 Millionen Exemplare verbraucht. In Mode gekommen ist die im Kaukasus beheimatete Nordmannstanne (Abies nordmanniana), die zu diesem Zweck plantagenmäßig kultiviert wird. Die meisten Weihnachtsbäume kommen als Importgut aus nordischen Ländern. Das Aufstellen eines **Christbaums** war einmal ein rein evangelischer Weihnachtsbrauch, während in katholischen Familien die Weihnachtskrippe bevorzugt wurde. Schon lange vor der ökumenischen Bewegung ist der Christbaum ‚ökumenisch' geworden. Auch in den Gotteshäusern beider Konfessionen steht er zur Weihnachtszeit, in traditionellen katholischen Gemeinden allerdings schlicht und kerzenlos - dafür bis Lichtmess.

Fichtenzapfen

Die **Fichte** (Picea abies) ist der „Brotbaum" des deutschen Waldes, sie gewährleistet einen sicheren Holzertrag. Ihre Merkmale sind schnelles Wachstum, frühe Nutzbarkeit und Anspruchslosigkeit. Seit rund 200 Jahren ist sie allgegenwärtig in unseren Wäldern. In Verruf gekommen ist sie, weil sie auch dort angebaut wurde, wo sie einfach nicht hingehört oder wo der Wald zum „Holzacker" gemacht wurde. Die Fichte ist schon lange kein reiner Waldbaum mehr, sie ist ein geschätztes Ziergehölz in ländlichen Wohngebieten, am beliebtesten ist die aus Nordamerika stammende Blaufichte (Picea pugens), die fälschlicherweise ‚Blautanne' heißt.

Fichte und Tanne werden gerne miteinander verwechselt, daher seien kurz die Unterschiede genannt: Eine Fichte hat eine spitze Krone, bei der Tanne sieht die Krone aus wie ein Adlerhorst. Fichtennadeln sind gleichmäßig grün und spitzig, Tannennadeln haben unterseits zwei weiße Streifen und stechen nicht. Die Zapfen der Fichte hängen und fallen als Ganzes ab, die der Tanne stehen auf den Zweigen und zerfallen dort oben bis auf die nackten Spindeln.

An den breiten besonnten Fahrwegen stehen weder Fichten noch Tannen, sondern die Bäume des Vorwaldes: Eberesche, Faulbaum, Roter Holunder und Birke. Auf den Waldschlägen stehen Kiefern, unter denen sich Brombeer- und Himbeersträucher und der Rote Fingerhut ausbreiten, und in den feuchten Senken stehen Erlen.

Faulbaum am Wegrand

Faulbaum (Rhamnus frangula oder Frangula alnus)

Faulig ist am Faulbaum der Geruch der getrockneten Rinde, sie wirkt abführend und ist auch heute noch in mild abführenden Teemischungen enthalten. Ein anderer Name ist Pulverholz und verweist auf die Verwendung seiner aschenarmen Holzkohle im Schwarzpulver.

Der Faulbaum wächst in lichten, feuchten Laubwäldern auf kalkfreiem Boden. Er ist ein Großstrauch oder kleiner Baum. Seine unscheinbaren grünlichweißen Blüten sehen aus wie kleine Sternchen. Die erbsengroßen giftigen Früchte sind erst grün, dann rot, dann schwarz. Fällt das Bäumchen am Wegrand nicht wegen seiner rechtwinklig abstehenden Äste auf, dann vielleicht durch Gespinste, in denen die Raupen einer Gespinstmotte leben.

An der Steinstaffelhütte grüßt eine ebenmäßige jüngere Wellingtonie von kegelförmigem Wuchs. Die einzige Linde weit und breit ist die mehr schlecht als recht gedeihende Karl-Olga-Linde, einst dem Kronprinzenpaar des neuen, königlich-württembergischen Herrscherhauses gewidmet.

In Süddeutschland sind die **Wälder** jung, ihr Aussehen und ihren Status erhielten sie erst vor etwa 200 Jahren. Rund 1000 Jahre lang war der Wald stark beansprucht und übernutzt worden. Holz war im Mittelalter der Rohstoff schlechthin. Erinnert sei an die gotischen Münster und Dome, die zwar aus Stein sind, deren Fundamente, Dachstühle und Turminnenbauten samt Glockenstühlen aus Holz erbaut sind. Darüber hinaus war Eichenholz ein Exportgut, denn die seefahrenden Völker benötigten Unmengen davon für den Schiffbau, und Spötter behaupten, die mitteleuropäischen Eichenwälder lägen am Grunde der Meere. Noch Friedrich der Große bezahlte seine Auslandsschulden nach dem Siebenjährigen Krieg mit kapitalen Eichenstämmen.

Wenn mehr Holz eingeschlagen wird, als nachwächst, ist das nicht nachhaltig gewirtschaftet, sondern Raubbau und der führt zum Niedergang des Waldes, und so kam es spätestens um das Jahr 1750 zur sogenannten Holznot. Bis zu dieser Zeit hatten Bevölkerungsverluste durch Pestseuchen oder Kriege das Problem der Übernutzung immer wieder aufgeschoben. Um 1750 war der Bevölkerungsverlust durch den Dreißigjährigen Krieg aber ausgeglichen worden.

Der **Wald** war Jahrhunderte lang bis etwa 1820 nicht nur Ort der Holzproduktion, er war zugleich landwirtschaftliche Nutzfläche und die meisten Wälder waren Viehweide. Den Hutewäldern und Haardten, aus Buchen, Eichen, Hainbuchen und Birken aufgebaut, fehlten junge Bäume gänzlich, weil das Vieh ihr Aufwachsen verhinderte. Es waren parkartige Wälder mit Grasbewuchs, die Buchen und Eichen warfen zusätzlich im Herbst Mast für die Hausschweine ab. Eine der größten Veränderungen nach 1820 war die Trennung von Wald und Weide, von Forst- und Landwirtschaft, und die Überführung der Haardte in Wälder bzw. Hochwälder. Doch so einfach ging das nicht, die Landwirtschaft litt ohnehin an einem Mangel an Viehfutter und Weideland. Eine Entflechtung von Wald und Weide war erst möglich durch die Einführung der Stallfütterung. Sie setzte den Anbau von Futterkräutern wie Klee und Esparsette auf dem Brachfeld voraus, teilweise auch auf den Allmenden, so sie nicht mit raschwüchsigen Weiden oder Pappeln bepflanzt oder ganz aufgelöst wurden. Es war ein kolossaler Strukturwandel in der Landwirtschaft, der schon 50 Jahre früher mit dem Kartoffelanbau begonnen hatte.

Zur Verwüstung der Wälder hatten noch weitere Übernutzungen beigetragen, so auch der hohe Wildbesatz, den die Jagdleidenschaft der absolutistischen Feudalherren forderte, wenngleich die Erhaltung richtiger Wälder gerade den jagdlichen Interessen zu verdanken war.

Kein Wunder bemühten sich die aufgeklärten Fürstenhöfe, die sich ja als Förderer des Obstbaus und der Entwicklung der Landwirtschaft einen Namen machten, das Wald- und Holzproblem Mitte des 18. Jahrhunderts in den Griff zu kriegen und zwar mittels naturkundlicher Forschung und Schaffung eines forstlichen Ausbildungswesens. In Württemberg richtete Herzog Carl Eugen im Jahr 1772 an seiner Akademie, der Hohen Carlsschule, eine Forstklasse ein und schuf für zukünftige Forstbedienstete die forstliche Jägergarde in Hohenheim. In Freiburg wurde 1786 der erste forstwissenschaftliche Lehrstuhl Deutschlands geschaffen.

Doch weder der landwirtschaftliche Strukturwandel noch die forstwissenschaftlichen Erkenntnisse brachten den Durchbruch. Es war die große Neuordnung der Eigentumsverhältnisse mit der Schaffung von Staatswald und Großprivatwald durch Mediatisierung der Reichsstädte und Säkularisation der Klöster.

Staatliche Maßnahmen und rigorose Forstgesetze führten schließlich zur Wiederbewaldung. Verspätet zwar, aber dennoch ist es in einer einzigartigen Kulturleistung gelungen, die Entwaldung Deutschlands zu stoppen und neue Wälder zu schaffen.

Eigentumsgrenze im Forst

Die Aufforstung der verwüsteten Wälder erfolgte mit Kiefern und Fichten, teils mit Buchen, zunächst durch Aussaat wie auf dem Acker, später durch Anzuchten aus Baumschulen. In der Diskussion gab es übrigens außer den Nadelholzverfechtern die Birkenbefürworter, die Birkenwälder propagierten, dann die Akazienapostel, die für Robinienwälder waren, und schließlich noch die Douglasienverfechter, die außer Douglasie auch Weymouthskiefer und Lärche favorisierten. Durchgesetzt hat sich die Fichte, die bis heute unsere Wälder dominiert.

Winter- und Sommerlinde am Hüttenhof

Die Oberamtsbeschreibung spricht von „der erdrückenden Langeweile und Einförmigkeit einer Wanderung in diesem Keupergebiet mit seinen langgezogenen gerundeten Bergformen". Heute ist der Pilger dankbar für Ruhe und Gleichförmigkeit.

Der **Hüttenhof** wartet am Eingang mit einem Lindenpaar auf, einer Winter- und einer Sommerlinde nebeneinander, und es ist unschwer zu sehen, dass das zwei ganz verschiedene Baumarten sind.

Vom hochgelegenen Gaishardt sieht man rückblickend über der Waldlandschaft die Pyramide des Hohenberg. Im Westen liegt der Wasserturm von Adelmannsfelden, herwärts der Ort mit seinem Ensemble von Kirche und Schloss, umhüllt von den Kronen seiner alten Lindenbäume.

Nun geht es am Himmelreich hinab in das Tal der Blinden Rot, das hier im Unterlauf tief in den Keupersandstein eingegraben ist. Der Bach eilt dem Kocher zu, der zum Neckar entwässert und damit zum kräftig erodierenden rheinischen Flusssystem gehört. Seit ihrer Aufstauung im Fleckenbachsee hat die Blinde Rot auf ihrem Lauf nach Süden von rechts und links viele Waldbäche aufgenommen. Sie ist die geographische Westgrenze der Ellwanger Berge und war früher die politische Westgrenze der ellwangischen Herrschaft.

Als naturnahes Gewässer schlängelt sich die **Blinde Rot**, gesäumt von Schwarzerlen, durch das freundliche Wiesental. Was so natürlich anmutet, ist das Ergebnis bäuerlicher Kulturarbeit, denn unter „wilden Verhältnissen" wäre ein solcher Bach von Auewald umgeben. Er ist auf einen Erlensaum reduziert worden, um Wiesen zu gewinnen. Als herkömmliche Feuchtwiesen werden sie nur noch im angrenzenden Naturschutzgebiet bewirtschaftet und geben einer bunten Vielfalt nässeliebender Blumen Platz zum Leben – nicht nur dem feisten Löwenzahn.

Nach Passieren der Burghardsmühle verlässt der nicht asphaltierte Weg das Tal und führt nach Pommertsweiler und über einen Wiesenhang hoch zum **Büchelberger Grat**, einem eigenartigen Bergrücken, der schon ein Weilchen die Sicht nach Süden versperrt hat. Das waldfreie Gelände wird landwirtschaftlich genutzt, an seiner scharfen Kante oberhalb des Kochertals kommen wir über die Fußsteige ins Tal zur Jakobuskapelle von Wöllstein.

Büchelberger Grat

Hohenstadt – Bargau

Im Vorland der Ostalb

Hohenstadt erfreut schon vor dem Aufstieg durch die architektonische Einheit und Geschlossenheit von Schloss, Kirche und Parkbäumen. Der barockisierte Spätrenaissance-Schlossbau und die Barockkirche gehen auf die Bautätigkeit der Grafen Adelmann von Adelmannsfelden zurück. Nach Rekatholisierung und nach Übertragung der eigentümlichen Heiligenfigur des heiligen Patrizius, einem wenig bekannten Viehheiligen, und einsetzender Wallfahrt kam es zum Kirchenneubau, der bewusst das Baukonzept der Schönenbergkirche ob Ellwangen aufnimmt.

Das gartenarchitektonische Schmuckstück Hohenstadts und der ganzen Region ist der barocke Lustgarten, für den sich die Bezeichnung **Heckengarten** eingebürgert hat. Es handelt sich um eine geometrische Anlage mit klarer Formensprache. Ihr wirksamstes Element sind die sich rhythmisch wiederholenden Kugelbäumchen über den Schnitthecken, eine eigenwillige Kombination von Hecke und Baumreihe. Von seitlichen Schnitthecken gesäumt, geben sie den Wegachsen Tiefe und schaffen einen dreidimensionalen architektonischen Gartenraum. Sichtbezug ist ein entzückendes Lusthaus, vor dem sich ein Buchs-Paterre mit zentraler Brunnenanlage ausbreitet.

Heckengarten in Hohenstadt im Winteraspekt

Lindenreihe

Die Barockzeit, die noch wenig exotische Bäume kannte, nutzte die heimische Linde sowohl zur Gestaltung herrschaftlicher Auffahrtsalleen als auch für effektvolle Hochhecken in den Hofgärten. In Hohenstadt ist es die Sommerlinde, welche die kissenförmigen Baumsockel und die Kugelkronen über dem freien Schaft aufbaut, während die Hainbuche die seitlichen Hecken stellt. Beide Baumarten ertragen den Schnitt. Es spricht vieles dafür, dass das Vorbild für die höfischen Heckengärten in den Schneitelbäumen und Kopfbäumen der bäuerlichen Alltagskultur zu suchen ist. Für den Barockgarten wurde das bäuerliche Handwerk zwar entliehen, aber zugleich überformt, denn jetzt waren die Bäume frei von Nutzung und „adelig" geworden, und die Baumschnitttechnik hat sich in eine bäuerliche und herrschaftliche getrennt und nebenbei einen neuen Berufsstand, den des Gärtners, hervorgebracht! In ähnlicher Weise hat ja später der höfische Landschaftsgarten den bäuerlichen Hutewald als „Park" mitsamt seinen Baumgestalten übernommen.

Die europäische Gartenkunst hat lange an der formalen Gestaltung festgehalten, der Barockstil war ja eine enge Symbiose mit der absolutistischen Staatsform eingegangen. Die Aufhebung der Symmetrie brachte dann der Landschaftsgarten in England, er verkörperte die Auflehnung gegen das absolutistische System und dessen Gartenstil. Der neuartige „revolutionäre" Garten wurde aber schnell akzeptiert und zum Modeobjekt. Im 19. Jahrhundert setzten sich dann im Vorfeld der Schlösser wieder die regelmäßigen Rabatten und Blumenbeete durch, die geschnittenen Hecken jedoch blieben Vergangenheit. Es ist daher wunderschön, dass in Hohenstadt ein so seltenes und exquisites Gartenkleinod überlebt hat. Seine Unterhaltung ist aufwändig, eigentlich pure Liebhaberei...

In Hohenstadt gab es übrigens in den anschließenden Waldpartien auch eine Englische Anlage - in der romantischen Version mit geschlängelten Wegen. Dem Wald, der sich so etwas schnell zurückholt, werden gerade wieder mühsam ein paar Meter abgerungen. Die schöne Wellingtonie stammt - wir ahnen es schon - aus der Anzucht der königlich-württembergischen Hofgärtnerei aus dem Jahr 1863.

Mit Hohenstadt verlassen wir die Keuperlandschaft endgültig. Auf die Keuperschichten folgen die Schichtenblöcke des Jura, die Albvorland und Alb aufbauen. Der Schwarze Jura (Lias) = Unterjura, ist wegen seiner Beimischungen von Schwefelkies und Bitumen oft von schwärzlicher Farbe. Der Braune Jura (Dogger) ist durch Eisenoxyde, vornehmlich Brauneisen dunkel gefärbt. Der Weiße Jura (Malm) = Oberjura, verdankt seinen Namen den hellweißen Kalken und Dolomiten.

Das Vorland der Ostalb ist wieder ein Land des Ackerbaus. Die alten winkeligen Haufendörfer – durch die Endung ‚ingen' outen sie sich als alemannische Gründungen – sind propere Wohndörfer geworden, gerahmt von urbanen Trabantensiedlungen. Und der Rest des alten Bauernlands ist agrartechnisch perfektes Maisland geworden. Dichte Besiedlung oder Nähe zu Ballungszentren offenbart sich dem Jakobspilger stets durch einen „Wald aus Fahrverbotsschildern" an den asphaltierten Feldwegen. Erfreulich ist der Reichtum an Hecken, Böschungen und linearen Feldgehölzen, die das Land beleben. Auch Eichenzeilen sind darunter. Wie andernorts werden die Eichen seit einigen Jahren vom Eichenprozessionsspinner heimgesucht. Für einen Pilger bedeuten sie keine Gefahr - auch nicht für andere Fußgänger. Die gefräßigen Raupen stürzen sich nicht herab, sie fallen nur versehentlich durch ein Unglück herunter. Hier helfen breitkrempige Hüte in der Art von Waidmannshut oder Don-Camillo-Hut. Eine Hutkrempe fängt Tierchen und Rindenstückchen auf und lässt sie nicht in den Nacken purzeln. Außerdem schützt ein solcher Hut das Gesicht vor der Sonne und hält den Regen ab. Ist der Hut aus Filz, so wärmt er überdies den Kopf und schützt vor Nässe. Ein entsprechender Schlapphut gehört bekanntlich auch zur „Berufskleidung" von Jakobus d.Ä., der nur ganz selten barhäuptig und in Apostektracht auftritt. Bei ihm ist die Krempe aufschlagbar und dient der Anheftung der Muschel. Viele Abendmahlsszenen der Predellen gotischer Altäre zeigen den Apostel so dargestellt.

> Der **Eichenprozessionsspinner** (*Thaumetopoea processionea*) ist berüchtigt, weil seine Raupen bei Massenvermehrung zu Schädlingen werden. Sie schlüpfen im Mai aus den überwinternden Eiern, spinnen an geschützter Stelle, gern unter einer Astgabel ein Nest, worin sie sich tags aufhalten. Nachts wandern sie in typischer Prozessionsform zum Fraß in die Krone der Eiche und kehren morgens in derselben Weise zurück. Im Nest verpuppen sie sich auch, wabenartig nebeneinander liegend, in Kokons. Die leicht brüchigen Borsten der Raupen verursachen Hautentzündungen bei Tier und Mensch. Nur den Kuckuck schert das wenig, er stellt den Raupen und Puppen nach! Im Juli/August schlüpfen die bräunlichen rund zwei Zentimeter großen Schmetterlinge, die Weibchen legen ihre Eier in Platten auf der Eichenrinde ab und hüllen sie in Afterwolle ein, damit im folgenden Frühsommer die nächste Generation des Eichenprozessionsspinners schlüpfen kann.

Verkahlte Eichen infolge Befalls   Gespinste des Eichenprozessionsspinners

Vorbei an Schechingen passieren wir in Heuchlingen das Leintal. Die Lein fließt nicht wie Jagst, Kocher und Rems nach Westen bzw. nach Nordwesten zum Neckar bzw. Rhein, sondern in entgegengesetzter Richtung nach Osten bzw. Südosten, d.h. sie fließt wie übrigens schon die Speltach (südlich vom Burgberg) in danubischer Richtung und muss vor ihrer Einmündung in den Neckarzubringer mit einem Knick die Richtung wechseln. Die Lein gehört zu einem geologisch älteren, dem danubischen System, das zur Donau entwässerte, bevor die Rheinzuflüsse durch Bildung des Oberrheingrabens die kräftigeren Vorfluter wurden.

Auf dem Weiterweg beeindrucken mehrmals einige schöngewachsene stattliche Eichen, bevor unser Weg hinter Brackswang rechtwinklig auf den Verlauf des **Limes** trifft. Der Schuttwall der rätischen Mauer hat hier beim Braunhof eine Höhe von knapp einem Meter und eine Breite von drei Metern. Er ist mit Hainbuchen bestockt, war als Wallhecke von Nutzen und ist noch immer Flurgrenze.

Zur Sicherung ihrer Verbindungsstraße zwischen den römischen Kolonien an der unteren Donau und am Rhein errichteten die Römer den Limes als Grenzbefestigung des Römischen Reiches von Mainz bis Regensburg und dazu im Hinterland viele Kasernen, die Kastelle. Der militärische Nutzen des Limes wird als gering eingeschätzt, immerhin erfüllte er 100 Jahre lang seinen Zweck, bis er um das Jahr 260 endgültig von den herandrängenden Alemannen überrannt wurde.

Der Weg folgt dem Limesverlauf und führt an der Hangkante entlang. Vor uns liegt der Trauf der Ostalb. Der Oberjura oder Weißjura, rund 300 Meter höher als das Vorland, ist die mächtigste Schichtstufe im süddeutschen Schichtstufenland, das damit seinen Abschluss findet. Als Fels oder Felsenkränze treten aus dem Wald einzelne weiße Massenkalke hervor, die besonders widerstandsfähigen Riffkalke.

Hainbuchenreihe am Limes

Die Albtafel wurde in erdgeschichtlich vergangener Zeit gehoben und nach Süden gekippt und der Trauf durch die Erosionskraft der Neckarzuflüsse herauspräpariert.

Vor der Alb liegt zentral die Pfortenstadt Heubach, die sich aus der engen Talpforte fächerförmig ins Vorland ergießt. Massig vor die Albtafel gelagert liegen im Westen die Kaiserberge: Stuifen, Staufen und Rechberg.

Der Staufen trägt das Stammschloss des Staufergeschlechts, das im hohen Mittelalter die deutschen Könige und mehrere Kaiser des Heiligen Römischen Reiches Deutscher Nation stellte. In „vaterländischer" Begeisterung machten die Schwaben den Berg zum Kaiserberg und schlossen die beiden anderen gleich mit ein, die zwar Ritterburgen, aber keine staufischen, hatten.

In Böbingen queren wir die Rems, die etwas östlich von Heubach, in Essingen, ihren Ursprung hat und stur nach Westen Richtung Neckar fließt. Das Remstal ist eine alte Verkehrsachse zwischen Stuttgart bzw. Bad Cannstatt und Ostwürttemberg sowie Mittelfranken, heute noch genutzt von der Bahnlinie Stuttgart - Nürnberg und der B 29. Das Remstal ist auch Siedlungsachse mit kilometerlangen Bebauungen, und die Räume zwischen den Konglomeraten aus imperialen Supermärkten, Tankstellen, Gewerbeanlagen, Verkehrsbauwerken und Wohnparks schrumpften von Jahr zu Jahr. Geschickt windet sich der Jakobsweg durch die verlärmte Gegend, tangiert eine Obstbaumreihe und ein paar Weidenbüsche am Bach und erreicht auf einem wenig befahrenen Weg den Ort Bargau.

Bargau - Böhmenkirch

Am Albtrauf und auf dem Albuch

Von Bargau, das noch auf dem Unterjura liegt, erfolgt der Anstieg durch Fichtenwälder auf den wenig fruchtbaren Böden des Braunen Jura. Dann folgt der eigentliche steile Aufstieg am **Albtrauf** durch Buchenwald, eine ganz charakteristische Waldform des neuen Landschaftsraums, der Schwäbischen Alb.

Buchenwälder gibt es in verschiedenen Ausführungen, was die Bodenpflanzen anzeigen. Besonders schön sind alle **Buchenwälder** im Frühling beim Laubaustrieb. Kenner schätzen auch die warmen Goldtöne der Herbstfärbung. Im Winter bestimmen die silbrigen Schäfte und das warme Braun des Laubes den Waldaspekt. Jungbuchen behalten nämlich ihr Laub bis ins Frühjahr hinein und nehmen dem Winterwald alle Düsterkeit.

Junges Buchenlaub

Ein Buchenstamm hat eine glatte, lederartige **Borke**, die zeitlebens mitwächst und nicht abschuppt. Verletzungen heilen zwar, bleiben aber als Narben sichtbar und erweitern sich sogar mit dem Dickenwachstum. Monogramme auf Buchenstämmen sind deshalb schlichtweg Unfug - und sei die Liebe noch so heiß.

Buchenschaft mit Initialen

Eine Verebnung mit Grasland markiert, dass der Aufstieg in zwei Stufen erfolgt: Auf die untere Weißjurastufe mit der Weißjura-beta-Verebnung folgt die Stufe der höheren Weißjuraschichten mit der Hochfläche.

Ein markanter Punkt ist das **Beurener Kreuz** (632 m NN) unterhalb des Naturfreundehauses. Hier stehen mehrere Kiefern, die durch ihre aschgrauen Stämme auffallen, es sind eingeführte **Schwarzkiefern** (Pinus nigra var. austriaca) - die einheimische Waldkiefer hingegen hat eine rötliche Borke. Auf den trockenen steinigen Südhängen wurden zur Aufforstung Anfang des 19. Jahrhunderts gerne die raschwüchsigen anspruchslosen Schwarzkiefern eingesetzt.

Die Aussicht am Beurener Kreuz ist leider etwas verwachsen. Im Westen erscheint der vielfach gebuchtete und keineswegs mauerartige Albtrauf: Der mächtige, ganz bewaldete Bergklotz ist der Bernhardus, rund 770 Meter hoch, einer der höchsten Berge der Ostalb. Dem Bernhardus vorgelagert und rund 80 Meter niedriger ist der langgestreckte Hornberg mit dem Segelfluggelände. Schön ist die Sicht auf Stuifen, Staufen und Rechberg!

Neu ist der Blick nach Nordosten zum Himmelreich, zum Scheuelberg und Rosenstein. Der Name ‚Himmelreich' bezieht sich auf die hohe, einsame Lage des Bergrückens und ist ein gängiger Flurname für hoch gelegene Lokalitäten.

Schwarzkiefern

Der **Bernhardus** oder Bernhardsberg ist dem heiligen Bernhard von Clairvaux gewidmet. In der Barockzeit wurde eine Wallfahrt eingerichtet, bis dahin hieß der Berg schlichtweg ‚Spitzberg'. Der rechbergische Kirchenreformer Rink ließ die Kapelle 1806 abbrechen und die Wallfahrt verlegen. In der Zeit katholischer Erneuerung hat das gräfliche Haus Rechberg 1880 eine neue Kapelle auf dem Bernhardus bauen lassen.

Kaiserberge

Bernhardus und Hornberg

Nach dem zweiten Anstieg – durch Buchenwald auf dem Gmünder Weg – wird das **Bargauer Kreuz** (742 m NN) erreicht. Die Waldform rund um das Bargauer Kreuz ist ein **Buchen-Hochwald** oder Hallenwald, der Traum aller Städter! Die silberglatten Schäfte sehen aus wie Säulen und tragen ein hochgewölbtes Kronendach, seitlich fällt gedämpftes Licht ein, windstill ist es auch, und der Stadtmensch fühlt sich in einen gotischen Sakralraum versetzt. Sein erhabenes Erscheinungsbild verdankt ein solcher Wald der Forstkultur, denn die Bäume sind alle gleich groß und gleich alt und sollen zu hohen geraden Schäften heranwachsen. Nach der anfänglichen „Fichtenbegeisterung" bei den Aufforstungen des 19. Jahrhunderts wurde bald auch der Buchenwald forstlich interessant, denn Buchenholz war begehrt für Eisenbahnschwellen, Parkettböden und nicht zuletzt für Schulbänke! Im württembergischen Staatswald erfuhr die Rotbuche nach Einführung der Hochwaldbewirtschaftung im Jahr 1818 eine besondere Förderung, wobei dem König von Württemberg das Buchenmastjahr von 1823 sehr zu Hilfe kam.

Der Wald wird durch die **Kitzinger Ebene**, ein ganz flaches Trockental, eigentlich nur eine Wanne, unterbrochen. Die Maisfelder rechts werden zur Kitzinger Höhe hin bogenförmig vom Fichtenwald umspannt: ein Zusammentreffen zweier sattgrüner Monokulturen! Links im Wegdreieck am abzweigenden Gmünder Weg erinnert eine „nutzlose", dicht gedrängte Hainbuchengruppe an vergangene Zeiten.

Buchenwald am Bargauer Kreuz

„Mais trifft auf Fichte"

Die Hochalb hat auf der flachwelligen Ostalb eine besondere Ausprägung erfahren: das **Albuch**. Der Weißjurakalk ist hier von kalkarmen Lehmböden bedeckt, den Feuersteinlehmböden. Sie sind zwar wasserdurchlässig, aber neigen zu Bodenversauerung und Staunässe. Feuersteinlehme sind Verwitterungsprodukte des Weißen Jura aus der Tertiärzeit, darin eingebettet sind die namengebenden Kieselknollen, die Feuersteine. Ein weiteres Verwitterungsprodukt sind die Bohnerze.

Das Albuch war das größte zusammenhängende Waldgebiet der Schwäbischen Alb, es war von Natur aus, wie der Name sagt, mit Buchenwald bestockt, aber auch reich an Stieleichen, die auf den Lehmböden gut gediehen und vom Mittelwaldbetrieb begünstigt waren.

Der Wald erlitt das übliche Schicksal, nicht die Mehrfachnutzungen, sondern die Übernutzungen, um nicht zu sagen der Raubbau, letztlich die fehlende Nachhaltigkeit, machten ihm den Garaus: Jagd, Imkerei, Großviehweide, Holzeinschlag, Schweinemast, Köhlerei. Etwa um das Jahr 1800 war er zu Birkenwäldchen und Buschwerk verkümmert. Bis dahin hatte das Albuch über Jahrhunderte eine ausgedehnte Weidewirtschaft: „Der albuch ist ein rau Land, hat viel Haiden, wälder, holz, vieh, Waid, schäferei, wildpret, wenig korn und Haber", heißt es in der Chronik von Sebastian Münster Mitte des 16. Jahrhunderts. Heute könnte er sich kürzer fassen: ‚hat viel Mais und Fichte'.

Der heutige landschaftsprägende Wald ist jung, rund 180 Jahre alt, es sind Fichten- und Buchenwälder. Mit der Fichte kam eine völlig neue Baumart auf die Schwäbische Alb, die von Natur frei von Nadelwäldern ist. Die Buche gedeiht auf den Feuersteinlehmböden recht gut, ihre Wurzeln erreichen die kalkhaltigen Bodenschichten. Die Bodenpflanzen des Kalkbuchenwaldes fehlen jedoch, es ist ein so genannter ‚artenarmer Buchenwald'.

Fichtenwald im Falkenteich

Der Jakobsweg führt kilometerlang durch diese Wälder. Als Distriktnamen tauchen immer wieder Zusammensetzungen mit „-teich" auf, beispielsweise „das Falkenteich". Es ist kein Wasserteich gemeint, sondern eine wannenartige Vertiefung im Gelände, die wasserlos ist. Eine andere Distriktbezeichnung ist „Kohlreis". Schon in den Keuperwäldern gab es oft Endungen auf „-kohl": Kohlplatte, Kohlhau. Hier wurde einst „gekohlt". Die Köhlerei auf dem Albuch belieferte die Eisenwerke im Kocher- und Brenztal. Das Schmelzen und Verhütten erfolgte bis zum Eisenbahnbau mit Holzkohle, die in Kohlenmeilern unmittelbar im Wald aus Buchenholz in Unmengen erzeugt wurde.

Bohnerze sind bohnenförmige Kügelchen aus Eisenhydroxiden (Eisengehalt 28-44%), ein Verwitterungsprodukt der obersten Weißjuraschichten, die in Lehm eingeschlossen sind. Dort wo sie in Mulden und Trichtern zusammengeschwemmt sind, wurden sie zur Erzgewinnung vom Mittelalter bis zur frühen Neuzeit in flachen Schürfungen ergraben. Es war eine Winterarbeit, im Frühjahr wurde das Erz gewaschen und auf den sogenannten „Erzwegen" zu den Schmelzöfen und Hüttenwerken an Kocher und Rems getragen.

Linden kommen nur als Nachpflanzung bei der Lokalität „Drei Linden" an der Waldhütte vor. Von hier ist ein Abstecher zur Fuchshülbe, einer markanten Feldhülbe auf der Kitzinger Ebene, möglich.

> **Hülben** oder Hülen sind flache, künstlich geschaffene Wassertümpel in einer gewässerarmen Landschaft. Sie werden von Regenwasser gespeist, haben einen Durchmesser von 20-30 Meter und dienten im Weideland als Viehtränken. Für ihre Anlage wurden natürliche Mulden, aufgelassene Bohnerzgruben oder mit „Lettenschlag" abgedichtete Dolinen genutzt.

Fuchshülbe

Im Naturschutzgebiet „Rauhe Wiese"

Die **Rauhe Wiese,** wie die Gegend zwischen Bartholomä und Böhmenkirch heißt, **ist** eine abflusslose Karstwanne, mit Lehm oder Hangschutt bedeckt, ehemals eine Heidelandschaft mit Moorheiden und Streuwiesen, Jahrhunderte lang als Bergweide genutzt - mit „Almhütten", um bei sommerlichem Schneefall oder Regenwetter das Vieh einzustellen, denn in dem „Kälteloch" ist das Klima tatsächlich ‚rau'. Nach 1933 wurde die Gegend entwässert, eine Dammstraße gebaut, die inneren Flächen gedüngt und zu Acker- und Grünland gemacht, nachdem die randlichen bereits zu Fichtenwald geworden waren. Eine einzige Streuwiese an der Gemarkungs- und Kreisgrenze blieb als Waldlichtung übrig, seit 1975 Naturschutzgebiet und nur acht Gehminuten vom Jakobsweg entfernt. Der Blick vom befestigten Waldweg in dieses verwunschene „Märchenland" ist einzigartig.

Der **Kolmannswald** hält die Erinnerung an eine Kapelle mit Wallfahrt wach. Aus Dankbarkeit wurde sie von zwei verirrten rechbergischen Rittern vor dem Jahr 1529 gestiftet. Der heilige Kolmann oder Koloman wurde als Pferdeheiliger verehrt. Die Pferdewallfahrt wurde am Pfingstmontag unter Beteiligung von acht bis zehn Gemeinden begangen und war in der Barockzeit ein üppiges religiöses Fest mit Reliquienverehrung, Pferdeumritt und bedeutendem Krämermarkt. Die Kapelle wurde 1799 auf Betreiben des rechbergischen Geistlichen, Dr. Franz Joseph Alois Rink, einem überzeugten Vertreter der kirchlichen Aufklärung, abgebrochen. Der Unwille des Volkes erweckte zwar nicht mehr die Wallfahrt zum Leben, hat aber den bis heute existierenden Markt am Pfingstmontag zu Böhmenkirch überleben lassen.

Im Kolmannswald

Koloman oder Kolmann war ein Wandermönch und Pilger und wurde auf der Wallfahrt ins Heilige Land als Spion verhaftet und in Stockerau bei Wien aufgehängt-, angeblich an einem Holunderbaum. Auch noch an einem dürren! Der Holunder ist nach alter Vorstellung ein Totenbaum, er kann aber auch Lebensbaum sein, und teilt diese ambivalente Symbolik mit anderen Bäumen. Nach erfolgter Wunderwirkung an der Grabstätte und beginnender Heiligenverehrung wurden im Jahr 1014 Kolomans Gebeine von den Babenbergern, seit 976 Markgrafen der Ostmark, auf ihre Burgfeste Melk über der Donau geholt, wo das Geschlecht auch seine Grablege hatte und 1089 ein Kloster gründete. Auf diese Weise wurde der heilige Koloman Landespatron Österreichs, denn gewissermaßen ist ja das babenbergische Melk die „Wiege" ganz Österreichs. Die Benediktiner haben den „angeerbten" Heiligen stets in Ehren gehalten: Er ist bis heute Patron von Stift und Stadt Melk. Das Stift verwahrt eine barocke Reliquienmonstranz des Heiligen, verziert mit einem Holunderbaum, einem voll erblühten Holunder, dem Symbol des neuen Lebens.

Auf den Albuch kam der Heilige wahrscheinlich durch die Grafen von Rechberg, sie waren vielfach Grundherren auf der Ostalb und im Besitz des verpfändeten Reichsdorfs Böhmenkirch und unterhielten als katholisch gebliebenes Adelsgeschlecht enge Beziehungen zu Österreich. Der heilige Kolmann ist ob seiner missglückten Reise ins Heilige Land auch Patron der Pilger und wird mit Pelerine und Pilgerkappe dargestellt. In der bäuerlichen Kultur wurde er Patron der Pferde und des Viehs und übernahm Wesenszüge anderer Bauernheiliger.

Kornfelder bei der Käslinde

Der Weg führt aus der Mulde heraus auf die windige Höhe, was ein kleiner dreirädriger Windpark mit einem versprengten vierten Windrad kund tut, welcher unermüdlich die alternative Energie für die prosperierenden Kommunen auf der Hochalb produziert.

Straßenlinde an der B 466

Auf der Anhöhe (709 m NN) erwartet uns ein Lindenhain mit der Kapelle St. Patriz. Die engen Beziehungen der Adelsfamilien Rechberg und Adelmann brachten den Heiligen aus Hohenstadt hierher.

Ein Stationsweg mit weiteren Linden führt nach **Böhmenkirch** hinab. Dem Albort gibt der unverwechselbare Ortskern und der pulsierende Verkehr ein urbanes Ambiente. Die Bundesstraße 466 geht auf eine alte Verbindung zwischen Göppingen und Heidenheim zurück, die 1842 als moderne Albsteige ausgebaut wurde und einige Linden am Straßenrand zurückgelassen hat, darunter die Dreifaltigkeitslinde und die Bußkreuzlinde. Sie wollen so gar nicht zu dem modernen Ort passen, sind aber ein schönes Beispiel dafür, was Bäume aushalten.

Böhmenkirch – Ettlenschieß

Auf der Stubersheimer Alb

Das Landschaftsbild wird bestimmt von Ackerland mit überraschend vielen solitären Bäumen, mehreren Windparks und einem durchziehenden, dunklen, eingesenkten Waldband, dem Ulmer Tal.

Die „**Linde** am Roten Bildstock" ist ein Wahrzeichen des ganzen Höhenrückens und gibt ihm erst Gesicht und Bedeutung. Für die agrotechnische Feldbestellung ist ein Feldbaum in einer schachbrettartigen Flur – „man muss das klar sehen" – schlichtweg ein hölzernes Hindernis. Bildstöcke waren einmal mehr als Kleindenkmale und nicht nur religiöse Zeichensetzung, sie waren auch Wegweiser, Grenzstein und Hoheitszeichen und entsprechend auffällig eingefärbt, mitunter signalrot. Ob das „Rote Bildstöckle" von daher seinen Namen hat? Ob das Feldkreuz, das heute an seiner Stelle steht, die Linde vor dem frühen Tod durch Beseitigung bewahrt hat?

In Böhmenkirch wurde die europäische Hauptwasserscheide, die Wasserscheide zwischen Donau und Rhein, passiert. Alle Gewässer fließen von nun an der Donau zu. Die Oberflächenformen sind nun weich und reliefarm im Gegensatz zu den schroffen am Albtrauf.

Linde am Roten Bildstock

Das Ulmer Tal ist ein Trockental. Das Regenwasser versinkt in den Klüften des Kalkgesteins und fließt unterirdisch ab. Die Schwäbische Alb ist das größte **Karstgebirge** Süddeutschlands mit vielen Karsterscheinungen. Dazu gehört, dass es auf der Hochfläche kein fließendes Gewässer gibt, geschweige denn Quellwasser. Alle Dörfer am Jakobsweg von Böhmenkirch bis einschließlich Ettlenschieß waren bis zum Bau der Albwasserversorgung in den 1880-er Jahren - einer kulturellen Pioniertat ersten Ranges - ausnahmslos ohne frisches Wasser. Es gab nur gespeichertes Regenwasser aus Zisternen oder Hülben. In Trockenzeiten oder zu besonderen Anlässen hat man Quellwasser in Fässern von den Talquellen heraufgeführt und ein Fass Wasser soll kein unübliches Taufgeschenk gewesen sein. Beispielsweise hatte um 1830 Böhmenkirch neun Ortshülben

Junglinde im Dinkelfeld

und Gussenstadt elf Stück. Wenn sie nicht überbaut sind, lässt sich die Lage der großen Dorfhülben leicht im Ortsbild ausmachen: Es sind diese quasistädtischen Grünanlagen mit Steinklotz, Blumentrog und Bushaltestelle.

Das Ulmer Tal ist zu großen Teilen aufgeforstet. Dicht stehen die geraden Fichtenstangen, so als ob sie die Anspruchslosigkeit dieser Baumart beweisen wollten. Die „Verfichtung", d.h. die durch Aussaat erzielte Aufforstung mit Fichte (gelegentlich auch Lärche und Schwarzkiefer), auf der Stubersheimer Alb erfolgte in der Mitte

Das Ulmer Tal, ein Trockental

Heide am Stürzelberg

des 19. Jahrhunderts auf Schafweiden, die in Staatsbesitz überführt worden waren. Weitere Aufforstungen waren auf so genannten „Grenzertragsböden", meist auf bäuerlichen Einzelparzellen, nach den beiden Weltkriegen.

Am Südhang des Stürzelbergs überrascht eine kleine **Heide**. Heiden sind Flächen, die dauernd von Schafen beweidet wurden, so genannte Kalkmagerweiden, die mit Einzelbäumen oder Wacholderbüschen locker bestockt und ein ganz charakteristischer Vegetationstyp der Schwäbischen Alb sind. Sie waren früher gehölzärmer und die Fichten hier am oberen Hang des Stürzelbergs sind untypisch, es sind auch zu viele. Sie zeigen aber schön den eleganten Wuchs, die tiefe Beastung und das grünhängende Nadelkleid, das Fichten entwickeln, wenn sie sich entfalten dürfen.

Ursprünglich ist ‚Heide' ein Rechtsbegriff für bestimmtes Weideland und hat sich auf die Landschafts- und Vegetationsform erweitert.

Auf den Höhenrücken Taubenloh gelangend, kommen außer den Windrädern auch wieder Einzelbäume ins Blickfeld. Die Gemarkung **Gussenstadt** ist reich an Linden und Buchen, die als Naturdenkmale ausgewiesen sind. Auf der Kuppe steht eine **Esche**. Diese scheint so gar nicht auf die Alb zu passen, gilt sie doch als Baum feuchter Standorte. Es gibt neben der „Feuchtesche" auch eine Trockenheit und Kalk liebende Eschenform, die auf den Kalkböden der Schwäbischen Alb gut gedeiht, oft sogar auf Felsen. Zu schaffen macht allen Bäumen hier oben einzig und allein die „allen Winden preisgegebene Lage", was schon die Ortsbeschreibung wußte.

Flurbaum Esche

> Ein **Flurbaum** beseelt die Landschaft, er bereichert und prägt die Unverwechselbarkeit eines Landschaftsbilds. Er hat eine ideelle Wertigkeit und ist nicht nur eine „Sauerstofftankstelle", wie sich das auf Nützlichkeit bedachte Zeitgenossen vorstellen. Selbstverständlich hatten Flurbäume in der bäuerlichen Kultur vielfältige wirtschaftliche Funktionen zu erfüllen. Außerdem markierten sie Rechtsgrenzen. Diese Aufgaben haben Flurbäume auf der heutigen agrartechnischen Produktionsfläche verloren und stehen nun im Weg. Flurbäume waren in der Regel großkronig und langlebig und genügten der Standortgerechtigkeit, also der „Summe" aus Klima, Bodenbeschaffenheit und Wasserverhältnissen. In langer Tradition sind sie landschaftstypisch geworden und gehören einfach dazu.

Westlich von Gussenstadt bei den Sportanlagen liegt ein typischer Lindenhain, wie ihn hier jeder Ort hatte. Einige weitere Linden bezeugen eine Alleenstraße, eine ebenfalls die Alb querende Hochstraße von Geislingen/Fils nach Giengen/Brenz.

Ein alter Vicinalweg mit lückiger Lindenallee quert das trockene Sackental, das manchmal Wasser führt, sonst hätte die Straße keine so großen Durchlassrohre. Im Frühjahr nach der Schneeschmelze, wenn der Boden noch tief gefroren ist, nimmt das Wasser den oberirdischen Weg. Aber auch im Sommer können auf der Alb nach starken Regenfällen die Wildwasser laufen, wenn der unterirdische Wasserspiegel steigt und dann aus Quellen, die nur alle paar Jahrzehnte schütten, Wasser ausfließt. Auch das ist eine typische Karsterscheinung.

Auch Dolinen gehören zu den Karsterscheinungen, es sind Erdfälle, die nach Auflösung des Kalks im Untergrund als rundliche Trichter einsacken. Es gibt nur noch wenige Dolinen: Über 80% der Albdolinen sind mit Erdaushub oder Müll verfüllt worden.

Durch Buchen- und Fichtenwald mit Ausblicken auf den nun steilen und felsigen Südhang des Sackentals geht es wieder bergauf - Ortschaften liegen immer oben – , und wir kommen nach **Sontbergen**. Die evangelische Dorfkirche, eine Jakobuskirche, hat eine bemerkenswerte Orgel und Glasfenster mit Jakobus- und Sternenweg-Darstellungen von Sieger Köder. Seit Gussenstadt sind die Orte wieder traditionell evangelisch, und mit Zähringen wird das Territorium der ehemaligen evangelischen Reichsstadt Ulm erreicht.

Die Täler der Stubersheimer Alb führen als große Talspinne zum Hungerbrunnental und lassen zwischen sich gerade mal Platz für einzelne berginselartige Siedlungen, die wegen der isolierten Lage noch ein ländliches Ambiente haben. Für den Pilger geht es leider ständig auf und ab und von einer ebenen Albhochfläche ist nichts zu spüren.

Durch das Hahnental geht es am Zähringer Skilift hoch nach **Zähringen**. Die Ortsmitte gehört einer markanten Linde. Am Zähringer Ortsrand geht es hinab in das obere Hirschtal. Nach **Ettlenschieß** führt der ehemalige Viehtriebweg mit Birkenreihe sowie Linden und stattlichen Holzbeigen und mündet bei einer markanten 400-jährigen Winterlinde in die Scheibenstraße, einer weiteren albquerenden Hochstraße von Geislingen nach Langenau, der vierten. Die Scheibenstraße war eine Salzstraße – das Salz war in Scheiben gepresst –, die seit dem 14. Jahrhundert vom Salzkammergut zum Oberrhein führte und auf der in der Gegenrichtung Wein transportiert wurde.

Im Fichtenwald

Im Buchenwald

Die Scheibenstraße tangiert Ettlenschieß am Nordrand als breite Dorfstraße. Sie war einmal als Allee gestaltet, wovon weitere sieben Altlinden zeugen, drei davon östlich und vier westlich des Ortes. Es handelt sich um Winterlinden, ihr Alter wird auf 200 bis 250 Jahre geschätzt. Im westlichen Abschnitt ist die Baumzeile wenig glücklich mit unterschiedlich großen Sommerlinden ergänzt.

Blockflur bei Zähringen

Zähringer Linde

Alleen boten nicht nur Pilgernden, Fahrenden und Reisigen Schatten, ihr hallenartiges Laubdach fungierte bei Unwettern als Wetterschutzraum für das Vieh.
Alleebäume waren immer aufgeastet, um die Verkehrsabwicklung zu gewährleisten. Sie wurden wie Forstbäume behandelt, um schönes Stammholz zu gewinnen, und der Raum zwischen den Bäumen war Allmende mit entsprechender Nutzung.

Ettlenschieß – Scharenstetten

Im Oberen Lonetal

Von Ettlenschieß erreicht man über Graswege die Höhe über dem Oberen Lonetal, dessen Lärm man lange wahrnimmt, bevor man es sieht. Es wird hier auf eine kurze Strecke von den wichtigsten Albquerungen genutzt, von der Bundesstraße 10 und vom Bahnverkehr von Geislingen nach Ulm bzw. Stuttgart – München.

Das Lonetal kommt als breites Trockental vom Amstetter Bahnhof her, wo es „geköpft" am Albtrauf beginnt, denn die Urlone, ein mächtiger Fluss, wurde von den zum Neckar fließenden Bächen „angezapft" und verlor dabei ihren Oberlauf.

Grasweg über die Alb

An der Hangkante des Lonetals im Gewann „An der Herberge" markieren drei weithin sichtbare **Linden**, die rund 270 Jahre alt sind, einen Aussichtspunkt.

Es handelt sich um Winterlinden wie stets hier auf der Alb. Sie ist es unter den beiden Lindenarten, die sowohl Lufttrockenheit als auch Bodentrockenheit besser erträgt als die Sommerlinde. Auch bei den Linden der albquerenden Salzstraßen und Heerstraßen handelte es sich um Winterlinden.

Lindengruppe oberhalb von Ursprung

Karstquelltopf der Lone

Ein Altweg, den keiner mehr benutzt, führt in der Falllinie nach **Ursprung**. Was dort unten seit Ur-Zeiten ‚springt', ist die Lone und zwar aus einem schönen klaren blauen Quelltopf, sechs Meter tief und zehn Meter im Durchmesser. Solche Karstquellen, die man im Schwäbischen wenig poetisch als ‚Töpfe' bezeichnet, sind eigentlich eher typisch für den Albsüdrand. In den Quelltöpfen tritt das im Karst versunkene Wasser wieder zu Tage.

An Hecken entlang geht es unterhalb der Hangkante zum „Guckele", durch einen idyllischen, wenngleich verbuschten Südhang mit Kiefernbestand hinüber zum Fuß des **Salenberg** mit seiner bilderbuchschönen Wacholderheide, die regelmäßig mit Schafen beweidet wird und seit 1942 Naturschutzgebiet ist.

Wacholderheide am Salenberg

Wacholderbeeren

Der **Wacholder** (Juniperus communis) ist ein immergrünes und heilkräftiges Holzgewächs und Baum des Jahres 2002. Der Wacholder ist ein Sinnbild für ein langes, sich erneuerndes Leben. Da während der zweijährigen Reifezeit der Beeren schon die nächste grüne Beerengeneration heranwächst, ist er Ausdruck von Fruchtbarkeit und außergewöhnlicher Zeugungs- und Überlebenskraft. Er gilt jedoch nicht nur als Lebensbaum, sondern auch als Totenbaum, eine Ambivalenz, die vielen Pflanzen eignet - schließlich ist der Wacholder auch leicht giftig.

In der christlichen Symbolik des Mittelalters gehörte der Wacholder der Hl. Kunigunde. In der Antike war er keinem geringerem als Apollon, dem Gott der Heilkunst, zugeordnet.

Sowohl die Beeren als auch das Holz des Wacholders werden bis heute zu Heilzwecken gebraucht. Beim Verräuchern des Holzes verbreitet sich ein würziger, angenehmer Duft, der anregend wirkt und nicht nur Schwermut, sondern

> auch Dämonen vertreiben soll! Bei Seuchengefahr wurden Viehställe damit ausgeräuchert und die zauberbrechende Wirkung beschworen. Wirksam sind die antiseptischen Eigenschaften von frei werdenden Terpenen.
>
> Im Gegensatz zu anderen Nadelhölzern hat der Wacholder keine holzigen Zapfen, sondern Beerenzapfen, wobei drei fleischige Schuppen - ein Kreuzchen bildend - miteinander verwachsen. Die drei eingeschlossenen Samen sind steinhart und haben eine so genannte Verdauungsverbreitung durch die Wacholderdrossel, den Krammetsvogel.
>
> Wacholderbeeren, die im Schwäbischen Krammetsbeeren heißen, sind essbar und schmackhaft - mehr als sechs Stück sollte man nicht verzehren wegen möglicher nierenschädigender Nebenwirkungen. In der Küche schätzt man die geschmacksverbessernde und verdauungsfördernde Wirkung – die auch im Schnaps erhalten bleibt, also im Gin, Steinhäger und manchem Jägerschnaps. Und das Räuchern von gutem Schinken geht auch nicht ohne Wacholder!

Auf der **Wacholderheide** können nur solche Pflanzen überleben, die Schafe nicht mögen, entweder weil sie bitter schmecken wie die Enziane oder weil sie hart sind wie ‚Heidegräser' oder weil sie gar dornig sind wie Silberdistel und Hauhechel. Manche Pflanzen, beispielsweise das Fingerkraut, schmiegen sich so eng an den Boden, dass sie von den Zähnen nie ganz erwischt werden. Der Wacholder wird vom Schaf natürlich auch gemieden, im Schutz seiner stechenden Nadeln können Gehölze wie Mehlbeere, Feldahorn, Salweide, Hartriegel, Liguster, Buche und Eiche aufkommen. Das Vorkommen von Wacholder in einem Kiefernwäldchen oder zwischen Heckensträuchern am Waldrand lässt eigentlich immer auf eine frühere Beweidung mit Schafen schließen.

Längst werden Schafe per Viehtransporter von Weide zu Weide bewegt, denn selbst für Wildtiere wie Fuchs oder Reh gibt es kaum mehr Wanderwege, weil Straßen und Siedlungen Barrieren bilden.

Auch der Jakobsweg schlängelt sich im Zickzackkurs durch das überbaute Land und entwickelt dabei eine eigentümliche Vorliebe für den Forst. Doch diesmal ist die „Waldwegroute" an der B 10 versperrt, die Überquerung ist mit Steinklötzen verriegelt: Ein Umweg ist angesagt. Der Pilger darf den Blick weit über die Talwanne, die monumentalen Geländedurchstiche und Straßenbauwerke der B 10 und auf das Luizhauser Gewerbegebiet schweifen lassen. Schattenlos und verlärmt geht es in eine Unterführung hinab und auf blanker Piste wieder aufwärts. Hat der Jakobspilger das verdient? Soll er sich Gedanken machen über den anständigen Umgang mit der Alblandschaft? Über die Ästhetik einer Landschaft? Über die Endlichkeit von Landschaftsräumen? Die Zerstörung eines Landschaftsbildes? Über die asphaltierte Heimat, die wir unseren Erben hinterlassen? Spätestens seit den Tagen von Karl Marx wissen wir, dass menschliche Gemeinschaften nicht die Eigentümer der Erde sind. Wir sind nur ihr Besitzer, ihr Nutznießer, und haben sie als gute Haushalter den nachfolgenden Generationen verbessert zu hinterlassen. Stattdessen betonieren wir die Erde zu. Wo das nicht passiert, verunstalten wir die Natur in ungeheuerlicher Weise, statt sie zu kultivieren, und haben uns damit weit von der Humanität entfernt,

Luizhauser Linde

von der Religion sowieso: „Und Gott der Herr nahm den Menschen und setzte ihn in den Garten Eden, dass er ihn bearbeite und hüte" (Gen 2,15).

Tröstlich grüßt vom Ortsrand her die **Luizhauser Linde,** die einmal auf der Postkursroute die halbe Wegstrecke zwischen Wien und Paris markierte. Die Sommerlinde ist 400 Jahre alt, hat einen Stammumfang von 8,50 Meter und ist über 30 Meter hoch. Napoleon nahm im Jahr 1805 Logis im „Löwen" zu Luizhausen, seither heißt der Baum auch Napoleonslinde. Die Linde wird im „Schwäbischen Baumbuch" erwähnt. Das ist eine Veröffentlichung der Königlich Württembergischen Forstdirektion aus dem Jahr 1911 über bemerkenswerte Bäume im Königreich Württemberg. Es wurde verfasst von Forstrat Speidel und vom damaligen Forstassessor Otto Feucht, der später zu einem der bekanntesten Forstmeister und Naturschützer in Württemberg geworden ist.

Wieder auf der ‚alten' Route überraschen beim Waldaustritt auf Gemarkung Scharenstetten die schönen Kalkmagerwiesen, die im Hochsommer mit Margariten übersät sind, sowie eine alte Heidefläche mit Eichen und Buchen. Das Alter der großen doppelschäftigen Altbuche wird auf 450 Jahre geschätzt. Sie steht etwas abseits und nicht auf einer Kuppe, was ihr die Vergesellschaftung mit einer Windkraftanlage erspart hat.

Als Naturdenkmal geschützte Altbuche vor Scharenstetten

Weidbuche (Gussenstadt)

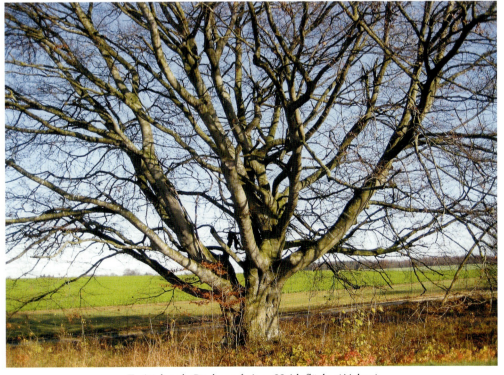

Freistehende Buche auf einer Heidefläche (Aichen)

Die größte unter den alten Rotbuchen der Region ist die **Schinderwasenbuche** bei Suppingen am Ascher Trieb, auf einer windigen Kuppe in 750 m NN. Im Spätherbst 2008 hat sie bei Sturm eine ihrer drei Stammsäulen komplett verloren.

Von Nachbarbäumen unbehelligt, entwickelt die Buche im Freistand nur einen kurzen Schaft, aber eine mächtige Krone von rießigen Ausmaßen. Ist eine Weidbuche beim Aufwachsen durch Verbiss beschädigt worden, ist sie gern mehrschäftig. Hört der Weidegang auf, bildet sie eine schleppenartig hängende Belaubung bis zum Erdboden aus, wird die Heide noch befahren, d.h. von Schafen beweidet, so wirkt die Unterkante in Fraßhöhe wie mit dem Lineal gezogen, denn die Schafe halten sie durch Äsen in dieser Form.

Linde am Scharenstetter Sühnekreuz

Das Scharenstetter **Steinkreuz** wird von einem Baum beschattet, einer Winterlinde, deren Alter auf 200 bis 250 Jahre geschätzt wird. Sie ist nicht groß, aber von ebenmäßigem Aufbau, der niedere Kronenansatz und die Verknorrungen an den Starkästen lassen die Vermutung zu, dass sie einmal als Schneitelbaum erzogen und genutzt worden ist.

Es ist bis in unsere Zeit in schlichter Selbstverständlichkeit üblich, den Steinkreuzen einen Baum oder wenigstens ein Gehölz beizugeben. Sie sind auf der Ulmer Alb alle aus hellem Kalkstein und fast jeder Ort hat eines. Sie werden oft als Sühnekreuze oder Schwedenkreuze bezeichnet, auch Bußkreuz und Franzosenkreuz sind üblich. Alle sind sie mit Legenden behaftet, immer aber erinnern sie an Not- und Kriegszeiten oder rechtlose Zeiten. Mit der Steinsetzung sollte ein Toter Ruhe im Grab finden, damit er nicht mehr umgehe - so die alte Vorstellung. Es muss nicht immer ein Erschlagener sein, und der Stein ist im Allgemeinen von den Hinterbliebenen oder den Dorfbewohnern gesetzt worden und nicht von den Tätern.

Scharenstetten – Ulm

Ulmer Alb und Ulm an der Donau

Auf Scharenstetten zurückblickend zeigt sich noch einmal das bewegte Relief der **Kuppenalb**. Ihre bewaldeten Kuppen oder Buckel erheben sich rund 40 Meter über ihre Umgebung, weil sie aus harten Massenkalken, den Riffkalken, bestehen.

Im Buchenwald vernehmen wir kein Meeresrauschen, vielmehr die nahe Autobahn A 8. Beim Waldaustritt tut sich eine unglaubliche Fernsicht auf: Bis zu den Alpen. Zu unseren Füßen breitet sich ein ganz ebenes Land mit vielen Äckern aus: die **Flächenalb**. Wir stehen an der Klifflinie, welche die Kuppenalb von der Flächenalb scheidet. Das Kliff ist die fossile Steilküste eines tertiärzeitlichen Meeres, des Molassemeeres, unter dem das Land eingeebnet wurde. Nirgends sonst ist das Kliff so markant ausgeprägt wie hier im Gewann „Berg".

Der Name Flächenalb versteht sich von selbst, sie erstreckt sich von hier nach Osten zur Niederen Alb, der einstigen Kornkammer der Reichsstadt Ulm. Dank einer bis zu 20 Meter mächtigen Lehmpackung mit eiszeitlichem Löß über dem verkarsteten Kalkgestein, ist sie fruchtbares Ackerland.

Der terrassierte Sportplatz steht für die moderne Nutzung, der alte Lindenhain für die vergangene, beides verbindet ein Spielplatz und ein Pilgerlehrpfad, der uns nach **Temmenhausen** bringt.

Flächenalb (Altheim)

Weidfichte

Am Sühnekreuz verlassen wir Temmenhausen und sind bald jenseits der A 8 in den ebenen Maisfluren des Gewanns „Blumenhau" - zwischen Stromleitungen und fünfrädrigem Windpark zur Rechten und Autobahn zur Linken. Doch selbst hier gibt es eine schattende Kastanie mit Sitzbänkchen und erstaunlicherweise noch immer etliche Flurbäume, denen Wind, Wetter und Autobahn seit Jahrzehnten zusetzen.

Im Grünland vor dem Nadelwald erwartet uns eine markante **Weidfichte**. Sie ist zweischäftig, vielleicht infolge einer Beschädigung in früher Jugend, möglicherweise durch Verbiss, denn so entstehen die Lyra- und Kandelaber-Fichten. Nach Aufgabe der Beweidung hat sich im Schutz der Weidfichte ein Holunderbusch und ein krautiger Saum angesiedelt – ein kleines Biotop im uniformen Grünland. Statt durch den Nadelwald kann man über die Heide gehen, um dann auf markiertem Wanderweg ins Kiesental zu kommen.

Die Bollinger Heide zeichnet sich durch schöne Weidbäume aus. Diesmal sind es Linden. Die Ulmer Alb ist ein Land der **Lindenbäume**. Das Naturdenkmalverzeichnis des alten Landkreises Ulm führte im Jahr 1972 genau 247 Linden auf.

Der wirtschaftliche **Nutzen der Linden** war vielfältig. Die jungen Blätter wurden einst im ausgehenden Frühjahr, solange der Garten noch nichts hergab, als Salat verspeist oder dem Vieh verfüttert. Das weiche gelbe Herbstlaub wurde als Einstreu in den Stall gekehrt oder als weiches Klopapier gebraucht. Der Rindenbast ist bei Linden so stark entwickelt, dass er Material zu Flechtarbeiten hergab, und bis heute liefert er den Bindebast, den wir im Garten gebrauchen. Das leichte, weiche Holz der Linden glänzt wie Seide, das der Sommerlinde weißlich, das der Winterlinde etwas rötlich. Als Bauholz ist es völlig untauglich, aber von Holzschnitzern wurde es einst sehr geschätzt. Es ist das Lignum sanctum, das „Heiligenholz", aus dem all die mittelalterlichen Madonnen und Heiligenfiguren der gotischen Altarschreine geschnitzt sind. Es stammt vornehmlich von der Winterlinde. Das weiche, relativ eiweißreiche und ligninarme Holz wusste allerdings auch der Holzwurm zu schätzen!

Beide Lindenarten liefern Lindenblütentee und Lindenhonig. Der als Hausmittel geschätzte aromatische Tee ist durstlöschend und wohlschmeckend, wenn man ihn nur kurz ziehen lässt, die schweißtreibende und hustenlösende Wirkung entfaltet er erst nach längerem Ziehenlassen. Die Teedroge besteht aus den ganzen Blütenständen, also aus der Blüte mitsamt den Hochblättern, auch Blütenknospen und junge Früchtchen darf sie enthalten. Will man Lindenblüten sammeln, muss man den frühen Vormittag wählen, weil in der Morgenkühle die ätherischen Öle noch nicht frei werden, noch die Bienen aktiv sind. Das Trocknen muss schonend erfolgen, weil man sonst ein ganz geruchloses Zeug bekommt. Lindenblüten werden in Leinenbeuteln aufbewahrt, nicht in Plastiktüten! Eine besondere Verwertung erfahren Lindenblüten - gemischt mit anderen Kräutern - im Kräuterschnaps, der als Medizin gilt.

Ökologisch ist die Linde bedeutungsvoll, weil auf ihr viele Insekten Nahrung und Lebensraum finden. Während es die Bienen auf die Blüten abgesehen haben, schätzen die Blattläuse die weichen Lindenblätter. Sie stechen sie an und saugen ihren Zellsaft, der wenig Eiweiß und viel Zucker enthält. Um satt zu werden benötigen die Blattläuse viel Saft, den überflüssigen Zucker scheiden sie als so genannten „Honigtau" aus. Auf diesem klebrigen Exsudat leben russfarbene Pilze, Staub kommt noch hinzu und schließlich rieseln klebrige schwärzliche Partikel aus der Linde nieder. Sie sind harmlos und werden vom Regenwasser weggespült.

Weder Blüten noch Blätter schmecken den auffällig rot-schwarz gezeichneten Feuerwanzen. Sie schätzen die unreifen Nussfrüchtchen. Sie stechen sie an und saugen sie aus. Am Stammfuß alter Lindenbäume tummeln sich die Feuerwanzen und ihre ungeflügelten Altlarven zuhauf im Spätsommer, eine Gefahr geht nicht von ihnen aus.

220-jährige Sommerlinde (Scharenstetten)

Das Kiesental trennt die Gemarkungen von Bollingen im Osten und Weidach im Westen. Es ist ein Nebental des Blautals, ein Trockental, das wie üblich unmerklich und breit beginnt, sich dann aber zu einem Kerbtal mit Felsbildungen eintieft - ein Phänomen, das allen Tälern kurz vor Erreichen der Donau eignet und auf eine Hebung der südlichen Alb zurückzuführen ist.

Über ein Seitental und eine ziemlich verwachsene Wacholderheide gelangen wir zu einer Sommerlinde von ungeahnten Ausmaßen: Drei Bäume sind es, die das gemeinsame Kronendach aufbauen. Sie beschatten den Herrgottsbrunnen samt Sitzbank und Feuerstelle. Die Idylle bietet alles, was der rastende Mensch braucht.

Über Mähringen geht es an den alten Festungsbauwerken und den neuen Urbanisationen Ulms vorbei zum Oberberghof und schließlich in die Stadt, wofür man sich am besten öffentlicher Verkehrsmittel bedient, um anschließend Münster, Altstadt und Donauufer zu besuchen. Man kann die Stadt, spätestens am Ehinger Tor, auf diese Weise wieder verlassen, den Anschluss an den „Muschelweg" findet man auf dem „Hochsträß" kinderleicht.

Im Mittelalter war **Ulm** ein Sammelort für Pilger, denn hier trennten sich mitunter schon - falls die Brennerroute gewählt wurde - die Wege der Rompilger und der Jakobspilger - und nicht erst in Einsiedeln.

Die Jakobuswallfahrt muss wirklich beliebt gewesen sein, denn Rom ist nur halb so weit und versprach bedeutende Ablässe. An den Alpenpässen kann es nicht gele-

Linden am Herrgottsbrunnen

gen haben, die deutschen Könige zogen oft über die Alpen. Wichtige Förderer der Santiagowallfahrt waren die Stauferkaiser, erklärte Gegner der päpstlichen Politik, und in Santiago kam keine päpstliche Macht zum Ausdruck.

Ulm hatte aber auch Anschluss an eine ganz andere bedeutende Kulturstraße Europas, nämlich an den Wasserweg der Donau, denn ab Ulm ist die Donau schiffbar. Wein und viele andere Handelsgüter, Reisende und „donauschwäbische" Auswanderer wurden hier eingeschifft, auch Ritterheere und Truppen, so vermutlich schon für die Schlacht auf dem Lechfeld im Jahr 955, ganz sicher jedoch Truppen für den Entsatz von Wien im Jahr 1683.

Ulm war auch immer befestigt, seit dem Mittelalter. Aus der Festungszeit des 19. Jahrhunderts stammen die Schwarzkiefern der Stadt. Vermutlich sind sie durch Saat auf den Erdwällen im Vorfeld des Festungsgürtels ausgebracht worden. In Frage waren nur raschwüchsige und sonnenverträgliche Pionierbäume gekommen, die im Ernstfall schnell ausstockbar gewesen wären. Die bizarren Baumgestalten dieser Schwarzkiefern prägten noch lange die Ringstraßen und den Grüngürtel der Stadt. Mit dem Straßenausbau seit den 1970-er Jahren schrumpfte ihr Bestand unter 10% des Nachkriegsbestandes. Am Ehinger Tor scheinen einige bizarre Baumveteranen der feindlichen Umgebung zu trotzen.

Schwarzkiefern der einstigen Glacis in Ulm

Die **Österreichische Schwarzkiefer** (Pinus nigra subsp. nigra = P. n. subsp. austriaca) ist eine von mehreren Unterarten der Schwarzkiefer (Pinus nigra), die in getrennten Arealen in den Gebirgsregionen der Mittelmeerländer von Spanien bis Anatolien verbreitet ist.

Die Österreichische Schwarzkiefer ist in Niederösterreich und im Burgenland heimisch und wurde im 19. Jahrhundert in Süddeutschland als Forstbaum eingeführt. Es ist eine lichtbedürftige, Kalk liebende, zweinadelige Kiefernart mit rissiger schwarzgrauer Borke.

In Ulms Mühlen- und Fischerviertel, das vom klaren Wasser der Blau in mehreren Armen durchflossen wird, erfahren die malerischen Fachwerkhäuser und Brückenbauten durch die schönen Hänge-Weiden eine bedeutende Aufwertung.

Hänge-Weide an der Blau

Die **Hänge-Weide** (Salix x chyrsocoma) wird 20 Meter hoch und genauso breit, sie ist ausgesprochen schnellwüchsig, wird aber nur 80 bis 100 Jahre alt. Sie benötigt einen sonnigen Platz, denn sie ist sehr lichtbedürftig. Sie bevorzugt feuchte Böden und erträgt Überschwemmungen. Die Blätter sind wechselständig, matt grün, schmal lanzenförmig und 8 bis 12 cm lang. Die Rinde der Triebe ist gelb, im Austrieb sogar leuchtend gelb, auch die Blätter sind im Austrieb von leuchtend gelbgrüner Farbe und sogar die schlanken Blütenkätzchen, die im April zusammen mit den Blättern erscheinen.

Bäume in der Stadt verbessern das Stadtklima und verschönern das Stadtbild. Gerne werden dazu exotische Baumarten gewählt. Nicht allein um den urbanen Charakter zu steigern, sondern weil solche Bäume aus wärmeren und trockeneren Klimagebieten stammen und daher mit dem wüstenhaften Stadtklima besser zurechtkommen als heimische Bäume, die aus den deutschen Wäldern stammen. Als Stadtbaum bewährt haben sich die Baumhasel, die Platane, die Robinie, der Schnurbaum und der Ginkgo.

Oberschwäbischer Jakobsweg

Ulm – Konstanz

Ulm – Oberdischingen

Auf dem Erbacher Albrand

Neue Barbaralinde

Aus Ulm heraus führt der Jakobsweg zum Kuhberg, an dessen Südhang die Lokalität „Bei der Barbaralinde" liegt. Der mehrhundertjährigen **Barbaralinde**, die im Jahr 2008 aus Gründen der Verkehrssicherung gefällt wurde, hat die angrenzende Bebauung wohl nicht mehr behagt, denn seither kränkelte sie. Einst soll sich die Linde der besonderen Wertschätzung seitens der Ulmer Artillerie erfreut haben, deren Patronin ja die heilige Barbara gewesen ist. Die 25 Meter hohe Feldlinde stand an der Gemarkungsgrenze von Grimmelfingen und Ulm.

Von Grimmelfingen führt der Jakobsweg über Einsingen nach Erbach. Bis Konstanz – vom einst ulmischen Ersingen und den paritätischen Reichsstädten Biberach und Ravensburg abgesehen – sind das katholisch geprägte Regionen.

In **Erbach** zeigen sich, wenn man vom Steinkreuz mit der Pilgermuschel hochkommt, Kirche und Baum als geschlossenes Ensemble. Die Konstantinlinde wurde nach der Kirchenrenovierung im Jahr 1913 auf Veranlassung des damaligen Ortsgeistlichen gepflanzt. Sie ist ein Jubiläumsbaum für gleich zwei Ereignisse: vordergründig für die 100-jährige Wiederkehr der Völkerschlacht von Leipzig im Jahr 1813 und noch bedeutsamer für ein religionspolitisches Ereignis des Jahres 313, an das sich außer einem hochgebildeten Pfarrherrn nur wenig Leute erinnert haben mögen, nämlich an das Edikt von Mailand, welches die christliche Religion anerkannt und ihr den Weg zur Staatsreligion geebnet hat. Geschichtsbewusst geht es im Kircheninnern weiter, mit einem Deckengemälde der Seeschlacht von Lepanto.

Die Aussicht vom Erbacher Schlossberg darf man nicht versäumen: Eine weite flache Niederung erstreckt sich nach Süden und Westen und darin als einzig markante Erhebung Oberschwabens ‚heiliger Berg', der Bussen, rund 100 Meter höher als das Umland. Bei Föhnwetter ist die Alpenkette zu erkennen.

Der Weg am Südrand des Hochsträß, wie der Höhenrücken zwischen Donau- und Blautal heißt, verläuft auf einer Geländekante, dem Erbacher Albrand, der die naturräumliche Grenze zwischen der Schwäbischen Alb und **Oberschwaben** bildet.

Konstantinlinde vor der Pfarrkirche in Erbach

Die Juraplatte biegt nämlich südwärts steil in den Untergrund ab, auf ihr liegen mehrere 1000 Meter mächtige Seen-, Fluss- und Meeresablagerungen der tertiärzeitlichen Molasse und darüber im „Obergeschoss" vielfältige Sedimente, vor allem Schottermassen, der Eiszeit.

Molasse ist ein Begriff aus der Volkssprache und bezeichnet die weichen, sandigen Gesteine, die darin vorkommen. Auch das Hochsträß ist ein Molasseberg, ein großes Molassemassiv im nördlichen Oberschwaben ist der bereits erwähnte Bussen. Er ist vom Gletschereis nicht überfahren, sondern nur seitlich umflossen worden, ansonsten liegen die Molasseablagerungen Oberschwabens im Untergrund und treten nur selten in Erscheinung, beispielsweise in den tief eingeschnittenen Tobeln in Bodenseenähe.

Die Oberflächenformen Oberschwabens sind eiszeitlich durch Gletscher und nacheiszeitlich durch Schmelzwasserströme geformt bzw. überformt worden.

Der Gletscher transportierte die Geschiebe aus Steinen, Sand und Mergel, die nach seinem Abschmelzen am Grund und an den Rändern liegen blieben und Moränen heißen, wobei die Endmoränen besonders steinig sind und Wälle bilden. Das Schmelzwasser hat in mächtigen Strömen Steine und Schotter transportiert, abgelagert und wieder weiter transportiert.

Aufgrund zweier unterschiedlich starker Vorstöße des Rheingletschers ist Oberschwaben geographisch in zwei große Teillandschaften gegliedert. Da ist zunächst der weitläufige reliefarme Norden, das Altmoränenland, aus der stärkeren vorletzten

Wegkapelle mit Robinie bei Donaurieden

Kaltzeit, der Risseiszeit, herrührend, und der reliefstarke Süden, das Jungmoränenland der letzten Kaltzeit, der Würmeiszeit. Ihre gegenseitige Grenze ist die äußere Jungendmoräne der letzten Vereisung.

Auch siedlungsgeographisch besteht diese Zweiteilung. Das nördliche Oberschwaben ist altbesiedeltes Land mit stattlichen Haufendörfern, während der Süden so genanntes jungbesiedeltes Land ist, wo die Form der Streusiedlung vorherrschte, die gelegentlich durch das Vereinödungssystem noch verstärkt worden ist. Die galoppierende Industrialisierung und die tiefgreifenden Veränderungen in der Landwirtschaft haben die Unterschiede eingeebnet.

Auch **Donaurieden** liegt am Erbacher Albrand. Hier muss ein Liebhaber der Robinie gewirkt haben: Vor dem Friedhof bei der Michaelskirche stehen zwei hohe efeubewachsene Robinien so dicht beieinander, dass sie eine gemeinsame Krone bilden, sie sind als Naturdenkmal gekennzeichnet. Unweit davon, den Friedhofseingang flankierend, stehen zwei kräftige Kopfbaum-Robinien. Und schließlich steht westlich der Kirche und in Sichtbeziehung zu ihr eine weitere Robinie an einem Wegkapellchen – einsam in einer ausgeräumten Ackerflur. Die landschaftliche Wertigkeit von Einzelbäumen oder Baumgruppen unterschätzen wir gerne und merken das erst, wenn sie fehlen.

Robinien in Donaurieden

Robinienblüte

Die **Robinie** oder Falsche Akazie (Robinia pseudoacacia) ist ein anspruchsloser, Trockenheit ertragender Baum, der am besten im so genannten Weinbauklima gedeiht. Selbst Schutt und Rohböden kann die Robinie besiedeln – sie hat nach dem Krieg die so genannte Schuttflora in den deutschen Innenstädten geprägt. Ein solcher Baum wird Pionierbaum genannt. Zur Zeit des Eisenbahnbaus im 19. Jahrhundert wurde sie gern auf Bahndämme gesetzt, wo sie mit ihrem verzweigten Wurzelwerk die Erde gegen Rutschungen sicherte.

Die Gemeine Robinie stammt aus Nordamerika und wird seit 1602 in Europa kultiviert, als eine der ersten fremdländischen Baumarten. Ihre Herkunft aus einer wärmeren Zone verrät sie durch ihren späten Austrieb. Die Blätter sind gefiedert, im Herbst verfärben sie sich von Hellgrün in Blassgelb. Bei Regen schützt das Unterstehen unter Robinien übrigens nicht vor dem Nasswerden, denn bei Regen falten sich die Fiederblätter zusammen und leiten das Wasser direkt nach unten ab. Am schönsten ist die Robinie während der Blüte im Juni, dann hängen die weißen duftenden Trauben von den Zweigen herab.

Kastanienallee in Oberdischingen

Über den Galgenberg, den Richtplatz **Oberdischingens**, wo die Urteile des Malefizschenken vollstreckt wurden, gelangt man in den Ort. Von links her mündet eine Allee mit 90 erneuerten Kastanienbäumen ein, die Dauphinenstraße. Sie ist nach der Dauphinée und Erzherzogin von Österreich benannt, die 17- jährig mit dem französischen Thronfolger vermählt wurde und als Marie Antoinette auf dem Schafott starb. Ihr Brautzug im Jahr 1770 wurde ganz bewusst über die Territorien der österreichischen Vorlande geführt, um zu demonstrieren, dass eine Habsburgerin von Wien bis Straßburg quasi durch eigene Lande reisen könne. Die Straße wurde dafür eigens chaussiert und mit Alleebäumen bepflanzt. Sie ist später weitgehend in der B 311 aufgegangen, Reste sind deren baumgesäumte Parkbuchten. Die Kastanienallee nach Oberdischingen war ein besonders repräsentativer Abschnitt, welcher der Erzherzogin vom reichsunmittelbaren Grafen Franz Ludwig Schenk von Castell, dem Malefizschenken, gewidmet wurde, der ihr von Ulm her das Geleit gab. Die klassizistische Dreifaltigkeitskapelle Oberdischingens bildet mit dem „Cursillo - Haus St. Jakobus" eine bauliche Einheit, welche die Kugelbäumchen bekräftigen.

Der **Kugelahorn** (Acer platanoides ‚Globosum') ist eine dekorative Zierde kleiner Gartenräume und erlaubt auf kleinstem Raum eine ansprechende Gestaltung. Er ist eine Zuchtform des Spitzahorns mit kugelförmiger Krone, der wie sein großer Bruder im Frühling durch sein hellgrünes Blütenkleid und im Herbst durch die arttypische Laubfärbung erfreut. Doch so sehr die Kugelbäumchen auch gefallen mögen, wenn man sie genau besieht, so sind es keine Bäume, sondern bloß Kugelbüsche auf einem Ständer! Zum Beweis dieser Ansicht werden gerne die Amseln angeführt, die als Heckenbrüter keine Bäume als Nistplatz annehmen, aber gerne in den Ahornkugeln brüten, und schlau, wie solche Vögel nun mal sind, haben sie diese somit als Büsche klassifiziert.

Kugelahornbäumchen beim Cursillo-Haus

Oberdischingen - Äpfingen

Im Hügelland der unteren Riß

Mit Überschreiten der B 311 wird endlich die Donauniederung erreicht. Grünland breitet sich aus, das den Landgewinnungsmaßnahmen der Donaubegradigung im 19. Jahrhundert verdankt wird. Ganz in der Nähe liegt das Öpfinger Staubecken, ein sekundäres Paradies für überwinternde Wasservögel und Rastplatz für Zugvögel. Die Donau ist kanalisiert und der Weichholz-Auwald fehlt, nicht aber einige wichtige Baumarten dieses Auwaldes.

Die **Silber-Weiden** (Salix alba) am Donauufer sind von bescheidenem ästhetischen und ökologischen Wert. Sie stehen in ansehnlicher Zahl auch auf den feuchten Wiesen und in den Gebüschen der alten Donauschlingen, sie werden gern ausladend und mehrstämmig, ihr Holz ist weich und brüchig.

Silber-Weiden ertragen das Überfluten, selbst im strömenden Wasser werden die hängenden Ästen selten abgerissen, denn sie sind schmieg- und biegsam. Der Name ‚Weide' kommt vom althochdeutschen ‚wida', die Biegsame. Im Schwäbischen hieß sie bis vor 50 Jahren noch ‚Felben'. Die Bezeichnung ‚Silber-Weide' verdankt sie den silbrig schimmernden Blättern, die schmal - lanzettlich sind wie bei vielen Weidenarten. Weidenholz „verkernt" nicht durch Einlagerung von Gerbstoffen, die vor Fäulnis schützen, daher sind alte Weiden oft hohl. Wie alle Weidenarten ist auch die Silber-Weide zweihäusig, die Blütenkätzchen erscheinen erst mit den Blättern. Sowohl die Staubkätzchen als auch die Stempelkätzchen ähneln eigentlich eher „Würstchen", doch die sitzenden Kätzchen der Salweide wurden namengebend für alle Kätzchenträger.

Baumweiden an der kanalisierten Donau

Silberweiden am Altwasser

Ersingen und Rißtissen liegen höher als Donau und Riß, auf der so genannten Hochterrasse risseiszeitlicher Schotter. **Ersingen** hat eine eigentümliche historische Vergangenheit und in diesem Zusammenhang einen beeindruckenden gotischen Altar der Ulmer Schule. Unweit der Kirche nistet ein Storchenpaar - im Sommer 2009 wurden drei Jungstörche aufgezogen. Sie sind auf die Reste an Ried- und Auenlandschaft als Nahrungsbiotope angewiesen.

In der Kirche von **Rißtissen** sind römische Spoliensteine vermauert, es existierte ein Kastell mit mehreren Militärstraßen, eine davon ging nach Biberach - Waldsee - Baindt - Weingarten, das ist beinahe die Route des Jakobswegs! Rißtissen hat einen verwunschenen Schlosspark mit altem Baumbestand und waldartigen Partien. Weiden und Silberpappeln begleiten die durchfließende Riß und eine Wellingtonie am Rand des Rasenparterres darf selbstverständlich nicht fehlen.

Die weite Rißniederung ist eine alte Schotterterrasse, die von Schmelzwasser gebildet wurde. Sie wird im Westen von einem Molassehügelland begleitet, auf dessen Hang die Orte Niederkirch, Untersulmentingen, Obersulmentingen und Schemmerberg liegen.

Durch das „Obere Ried" führt der noch nicht asphaltierte alte Ortsverbindungsweg nach Äpfingen, gesäumt von Eschen und Birken. Das Ried diente der Streumahd, als man noch Einstreu brauchte, jetzt sind viele Wiesenparzellen brach gefallen und es breiten sich Weidengebüsche aus, so dass sich zusammen mit Wiesen, Röhrichten und Äckern ein buntes Mosaik ergibt.

Die schmiegsamen, leicht überhängenden Zweige machen die **Birke** (*Betula pendula*) zu einer malerischen Baumgestalt, sie ist daher auch als Schmuckbaum an Feldkreuzen beliebt. Andererseits waren die Birken die Heimstatt der Hexen. Nach der Überlieferung sind die Zweige der Birke nur deshalb hängend, weil sie in den Hexennächten von herumhockenden Hexen niedergedrückt werden. Es gab viele zauberkräftige Hexennächte, eine davon, die bekannteste, ist die Walpurgisnacht, die Nacht vor dem 1. Mai.

Die zarte, durchsichtige Krone verrät die Birke als Baum des Lichtes. Mit ihren im Wind peitschenden Zweigen schafft sich eine ausgewachsene Birke selbst einen Lichthof, in dem kein anderer Baum mehr gedeihen mag. Die Birke ist am schönsten im Laubaustrieb. Ihr zartes Maiengrün ist Inbegriff des Frühlings. Im Brauchtum nimmt die Birke einen wichtigen Platz ein. Kein Maifesttag ohne zartes Birkengrün – ob weltlich oder kirchlich! In höherem Alter wird die Borke am unteren Stamm dick und tiefrissig und nimmt eine schwärzliche Färbung an. Nur noch oben löst sich die weiße Rinde etwas ab. Die weiße Farbe ist vortrefflich geeignet, die Sonnenstrahlen abzuweisen, welchen der Licht liebende Baum besonders ausgesetzt ist, als zusätzlicher Hitzeschild wirkt eine feste weiße Substanz, das Betulin.

Die Birke hat kolonisatorische Eigenschaften und ist Erstbesiedlerin auf Sturmwurfflächen, die „Lothar" und andere Stürme in Süddeutschland hinterlassen haben. Sie ist das winterhärteste Laubgehölz. Es wundert nicht, dass die Birke

Eschenallee im Oberen Ried bei Äpfingen

Birke im Ostwind (Rißtissen)

in der Nacheiszeit als einer der ersten Bäume die Schotter- und Sumpflandschaft Oberschwabens besiedelt hat.

Die Birkenallee ist mancherorts immer noch kennzeichnend für einen Weg durch ein oberschwäbisches Niedermoor. Die weißen, reflektierenden Birkenstämme gaben, als es noch keine Straßenpfosten gab, auch bei Nebel sicheres Geleit und sie befestigten mit dem Wurzelwerk den Straßendamm.

Birken brachten vielerlei Nutzen. In der alten Landwirtschaft dienten sie der Besenreisgewinnung. In Oberschwaben hat man die Birken dafür „geschneitelt", um jährlich die neuen Triebe zu ernten. Birkenblätter sind fester Bestandteil von Harn treibenden Tees und finden auch Anwendung bei Harnsteinen und Gicht. Dafür werden die jungen Blätter im Frühjahr gesammelt und getrocknet. Der im Frühjahr abgezapfte Baumsaft, das Birkenwasser, ist ein altes Hausmittel für die ‚Frühjahrskur', sowohl innerlich wie äußerlich, es soll auch den Haarwuchs fördern. Übermäßiges Abzapfen des Blutungssaftes schädigt natürlich den Baum, denn es handelt sich ja um gespeicherte Vorratsstoffe, die in den austreibenden Knospen benötigt werden. Birkenrinde in feinen Streifen abgelöst, ist fast unverweslich und für Nässe kaum durchlässig. Hallstattzeitliche Grabfunde mit Birkenrindenresten bezeugen die „Unverrottbarkeit" dieses Materials und seine Bedeutung als Rohstoff für Kleidung, Hüte, Waffenzubehör und Gefäße.

Das gelblichweiße Holz ist heute als so genanntes ‚Wohlstandsholz' bekannt, weil es an Leute verkauft wird, die sich einen offenen Kamin für ihr Eigenheim gegönnt haben. Es ist dekorativ und brennt dank seiner ätherischen Öle auch in frischem Zustand ohne zu qualmen.

Die gewöhnliche Birke heißt auch Weiß-Birke oder Warzen-Birke, weil ihre jungen Triebe mit weißen Korkwarzen bedeckt sind. Weitere Namen sind Sand-Birke oder Hänge-Birke. Sie war im Jahr 2000 Baum des Jahres.

Birkengalerie am Riedgraben (Sattenbeuren)

Die **Moorbirke** (Betula pubescens) ist eine zweite sehr ähnliche, ebenfalls weißborkige Birkenart Oberschwabens. Sie ist feuchtigkeitsliebend und, wie der Name sagt, in Mooren und Moorwäldern daheim. Ihre Blätter sind eiförmig, während sie bei der Hängebirke deutlich dreieckig sind. Leider bilden beide Arten Hybride und die Unterscheidung ist nicht immer leicht.

Diese Moorbirke (Vorsee) verrät frühere Nutzung

Kreuz mit Kastanienbäumen (Gwigg)

Feldkreuze und **Bildstöcke** schmücken sich in Oberschwaben mit Bäumen. Durch sie erfährt das Kreuz eine Betonung und Überhöhung und der Baum seinerseits eine besondere landschaftliche Bedeutung. Baum und Kreuz bilden eine harmonische Einheit und sind eindrückliche Wegmarken in der bäuerlichen Kulturlandschaft. Meistens sind es zwei flankierende gleichartige Bäume. Oft ist es aber auch nur ein einzelner Baum. Beliebt sind die schnellwüchsigen und anspruchslosen Birken, wogegen hohe Linden, „die Kreuz und Christus rahmen", auch in Oberschwaben eine Rarität geworden sind. Richtig aufgestellt, nehmen sie dem Acker keine Fläche weg und beschatten ihn nicht, weil sie auf den Böschungen stehen.

Feldkreuze heißen in Oberschwaben auch Flursegen und tragen die Inschrift: „Herr, segne unsere Fluren". Für eine agrarische Bevölkerung waren Öschumgänge, Fürbittgebete und Wettersegen von existenzieller Wichtigkeit. In den evangelischen Ländern waren Bitte und Dank für Saat und Ernte nicht weniger bedeutsam, auch wenn es keine sichtbaren Zeichen in der Flur dafür gab.

Sichtbeziehungen zwischen dem Feldkreuz und einer Kapelle oder der Ortskirche sind heute selten mehr aufspürbar, sie sind im Allgemeinen verbaut worden oder zugewachsen. Bildstöcke und Kruzifixe nehmen wir heute als Zeugnisse des Glaubens und als schützenswerte Kleindenkmale wahr. Viele wurden in den letzten Jahren landkreisweit in ehrenamtlicher Arbeit registriert und etliche konnten inzwischen vor dem Verfall bewahrt werden. Leider werden die rahmenden Bäume dabei gern „übersehen", sie verdienten mehr Aufmerksamkeit.

Äpfingen – Steinhausen

Im Riß – Aitrach – Gebiet

In Äpfingen beginnt ein neuer Landschaftsraum, das Altmoränenland, das Gebiet der risseiszeitlichen und älteren Ablagerungen. Die Altmoränenlandschaft hat wegen des höheren Alters und der erfolgten Abtragung und Verwitterung eine ausgeglichene, ‚langweilige' Oberflächenform, im Gegensatz zum bald folgenden Jungmoränengebiet. Mitverantwortlich für das verwaschene Landschaftsbild, die Reliefarmut, ist auch die hoch gelegene Erosionsbasis der Donau, was bedeutet, dass die Riß kein wildes Gefälle entwickelt wie die Schussen. Es handelt sich um hügeliges Gelände, und so geht es hinter Äpfingen gleich sanft bergauf in den Fichtenwald, der in Oberschwaben die meisten Waldflächen einnimmt, leider oft in der Form des Fichtenstangenholzes.

Der ereignisarme Weg sei genutzt, um über die **Namen** unserer Bäume zu informieren: Die wissenschaftlichen Gattungsnamen der Bäume entsprechen im Allgemeinen den in der Spätantike gebräuchlichen römischen Bezeichnungen: pinus - abies - quercus - tilia - prunus - fagus - fraxinus. Sie sind wie im Lateinischen auch in der Wissenschaftssprache grammatisch weiblichen Geschlechts, unabhängig von ihrer Endungsform, es heißt also: Pinus nigra. Eine Ausnahme ist acer, er ist sächlich, also: Acer saccharum.

Die Nomenklatur will, dass der Gattungsname (Genus) immer groß geschrieben wird und der Zusatzname (Epitheton) klein. Beide Namen zusammen bezeichnen die Art (Species), es gilt also: Sorbus aria - Mehlbeere, Sorbus torminalis – Elsbeere.

Weil die Baumnamen sehr alt sind und schon vor Carl von Linné, dem Begründer der binären Nomenklatur (1753), in der Wissenschaft gebräuchlich waren, hat man sie in der bestehenden Form übernommen und deshalb gibt es etliche Ausnahmen von den Regeln. Es gibt auch Kunstwörter, beispielsweise mit der griechischen Endsilbe ‚dendron', dann ist das Geschlecht sächlich: Sequoiadendron giganteum – Riesen-Mammutbaum.

An den weiblichen Charakter von Bäumen und Baumnamen erinnert ihre beliebte Verwendung als Vornamen für Mädchen: Laura, Daphne...

Laupertshausen hat die Jakobsmuschel gleich doppelt im Gemeindewappen und neben dem heiligen Pelagius auch den heiligen Jakobus zum Kirchenpatron und vor dem Kirchengebäude die regional beliebten Kugelbäumchen.

Jakobskirchen gibt es in Süddeutschland relativ viel. Jakobus war im Spätmittelalter ein volkstümlicher und wichtiger Heiliger. Er war Patron der Pilger, aller, nicht nur der Santiagopilger. Ein Jakobspatrozinium oder ein Jakobusbildwerk bedeuten jedoch nicht zwangsläufig, dass der Ort an einem Pilgerweg gelegen war, das ist ein frommer Irrtum. Die Wallfahrt nach Santiago hat wenig Spuren in unserem Land hinterlassen. Urkundlich nachweisen lassen sich allenfalls laienkatholische Jakobsbruderschaften, die es sich zur Aufgabe gemacht hatten, Pilgernde zu beherbergen.

Kugelahornbäume vor der Jakobskirche in Lambertshausen

Buchskranz mit Ähren zum Erntedankfest

Wieder auf der Anhöhe, auf dem Königshofer Weg, markieren ganz auffällig zwei Eschen die Rechtsbiegung des Wegs. Nach dem Ortsteil Mettenberg geht es steil in das Rißtal, wo in der Nacheiszeit der Schmelzwasserstrom auf dem Weg nach Norden die Moränen durchbrochen hat. Das Tal präsentiert sich als breites Siedlungs- und Verkehrsband und auch hier macht „die Stadt dem Weg den Garaus". Auch Bäume haben in der Stadt wenig Chancen. Umso mehr überraschen die hoffnungsvollen Junglinden auf Biberachs malerischen Altstadtplätzen.

An dieser Stelle sei deshalb an den „Tag des Baumes" und an das Baumpflanzen erinnert.

Der **Tag des Baumes** ist der 25. April. „Andere Festtage dienen der Erinnerung, der Tag des Baumes weist in die Zukunft!" Das Wort stammt von Julius Sterling Morton, einem amerikanischen Journalisten, der 1872 mit seiner Initiative großen Erfolg hatte. Auf Anregung der „Schutzgemeinschaft Deutscher Wald" wurde von Bundespräsident Theodor Heuß der Tag des Baumes mit einer Baumpflanzung am 25. April 1952 in Deutschland eingeführt. Ziel ist es, den Menschen die ästhetische, kulturelle, ökologische und wirtschaftliche Wertigkeit von Baum und Wald näher zu bringen. Seit 1989 ist es üblich, eine bestimmte Baumart als „Baum des Jahres" zu benennen. Ausgewählt wurden bedrohte oder seltene Baumarten. Im Jahr 2010 ist die Wildkirsche (Prunus avium) Baum des Jahres.

Im familiären Bereich gibt es immer genug Anlässe, einen schönen Baum zu pflanzen. Der häufigste Beweggrund ist noch immer die Eheschließung. Der Brauch, einen Hochzeitsbaum zu pflanzen, kommt aus der alten bäuerlichen Kultur, als zur Hochzeit die Hofübergabe oder die Hofgründung hinzukam. Gedeih, Wachstum und Fruchtbarkeit des Hochzeitsbaumes hatten eine dem Sympathiezauber entlehnte Bedeutung: Bringt der Baum gute Früchte, dann ist auch die Ehe famos. Es war auch üblich, dass der Bräutigam im Rahmen seiner Eheerlaubnis die Pflicht hatte, einen oder mehrere Bäume quasi für das Gemeinwohl des Ortes zu pflanzen.

Der Geburtstagsbaum, der anlässlich der Geburt eines Kindes gepflanzt wird, ist wieder stark „im Kommen". Üblich war mancherorts für ein neugeborenes Mädchen ein Apfelbäumchen und für einen Knaben ein Birnbäumchen zu setzen, in anderen Regionen war das genau umgekehrt.

In bäuerlichen Familien wurden früher auch aus sehr ernsten Anlässen Bäume gepflanzt. Ein häufiges Motiv war die Baumpflanzung für Familienmitglieder, die den Hof verlassen: Einberufung von Vater und Sohn mit der Hoffnung auf eine glückliche Heimkehr aus dem Krieg, Primiz des Bruders, Verheiratung oder Auswanderung von Geschwistern. Das Gedeihen des Baumes war ein Zeichen für das Wohlergehen in der Fremde und der Baum wurde zum Erinnerungsträger und Schicksalsbaum.

Der Jakobsweg nimmt die Route durch das Tal des Wolfenbachs oder Rotbachs nach **Reute**, dessen Hänge allmählich flacher werden, weil die Hänge nicht mehr wie im Rißtal sekundär durch Kalk verkittet sind. Dieser ‚Naturbeton' heißt auch „Herrgottsbeton" und bedingt die Schroffheit des Kastentals bei Biberach.

In alter Weise markiert vor Reute ein Pappelpaar den Brückenkopf. Direkt oder oberhalb des Rodungsweilers Voggenreute wird die Anhöhe in der Nähe des Wasserhochbehälters zwischen Ingoldingen und **Grodt** erreicht. Bei Föhn sind die Alpen zu sehen. Der bewaldete Bergzug im Vordergrund ist der würmeiszeitliche Endmoränengürtel. Davor breitet sich das Becken von Ingoldingen aus, eine Schotterfläche, die Schmelzwasser vor der Endmoräne aufgeschüttet haben und deren Material in Kiesgruben abgebaut wird. Wer es eilig hat und die „schönste

Arma-Christi-Kreuz mit Birken (Ingoldingen)

Dorfkirche der Welt" in Steinhausen kennt, kann von hier direkt über Ingoldingen nach Winterstettenstadt gelangen. An der Kante der Anhöhe gibt es die markante Dreiheit von Kreuz, Baum und Bank. Das Arma-Christi-Kreuz ist neu, aber in traditioneller Manier gestaltet, es handelt sich um eine Kreuzform, wie sie im südlichen Oberschwaben und im Allgäu verbreitet ist. Am Kreuzbalken und -stamm sind die Leidenswerkzeuge Christi und Gerätschaften aus dem Geschehen der Passion aufgereiht. Die Arma-Christi-Kreuze sind sehr individuell und phantasiereich, ohne feste Norm gestaltet, nur der krönende Hahn fehlt nie!

Von Grodt öffnet sich die Sicht auf die lehmig-sandige Ebene mit dem Federbach und auf die Orte Muttenweiler und Steinhausen mit ihren beherrschenden Kirchenhochbauten, und hinter Steinhausen lassen sich die großen Riede des Federseebeckens erahnen.

In Muttenweiler hat sich eine das Ortsbild prägende Hoflinde 50 Meter neben der Hauptstraße erhalten. Die trotz Aushöhlung schöne Linde ist als Naturdenkmal ausgewiesen, wird nicht von Gebäuden erdrückt und darf glücklicherweise ohne Asphaltversiegelung und ohne lächerliche Einfassungsmäuerchen leben.

Hoflinde in Muttensweiler

In Steinhausen, wo es zwischen Kirchenportal und Straße für Bäume keine Entfaltungsmöglichkeit gibt, stehen kleinkronige **Kugelakazien** (Robinia pseudacacia 'Umbraculifera'). Diese Kulturform der Robinie verbreitet ein südländisches Flair und braucht einen sonnigen Standort, den sie hier auf jeden Fall hat.

Der Pilger darf sich in der Wallfahrtskirche von **Steinhausen** ganz der Kunstbetrachtung hingeben oder seiner religiösen Bildung frönen. „Dass der kunsterfreute Besucher über die Bewunderung der Kunst hinaus von der Heilszusage und dem Vertrauen darauf ergriffen werde möge", ist ein legitimer Wunsch.

Die Wallfahrtskirche lässt erahnen, welche kulturerweckende Kraft die Religion einmal gehabt haben muss. Das große Kuppelfresko des Hauptschiffs ist gleich in mehrere Garten- und Landschaftspanoramen eingebettet, was ganz außergewöhnlich ist.

Gärten waren in der abendländischen Kultur immer Orte der Sehnsucht, der Sehnsucht nach Vergangenem oder weit Entferntem, auch nach dem Paradies.

Der Garten war Sinnbild der Harmonie zwischen Mensch und Kosmos, zwischen Natur und Kultur.

Portal der Wallfahrtskirche zu Steinhausen

Mariengärtchen im Deckenfresko der Wallfahrtskirche

Die beiden eigentlichen Gärten des Deckenfreskos sind der parkartige Paradiesgarten mit der Sündenfallszene vor der Orgel und antithetisch das harmonische Ensemble eines hortus conclusus, eines Mariengärtchens, vor dem Chor. Im ersten Garten sind es die fruchttragenden Bäume, im Mariengarten die raumgebenden Alleebäume, die den Garten charakterisieren. Und Alles in den zarten Farben und Formen des Rokoko! Selbst die Madonnenlilien fehlen nicht, in den Vasen und in den Händchen der Engel finden sie sich. Nicht zu vergessen ist darob das eigentliche Thema des Kuppelfreskos, das der Deckenspiegel zeigt, die himmlische Glorie Mariens.

Steinhausen – Bad Waldsee

Auf dem Jungmoränenwall

Von Steinhausen geht es zum Wald. Der Bildstock „Franzosengrab" erinnert an die Massengräber der gefallenen Franzosen und Deutschen aus der Zeit der Franzosenkriege zwischen 1792 und 1805. Der Weg über die bewaldete Kuppe ist übrigens der alte Wallfahrtsweg von Schussenried nach Steinhausen, denn es war in der Barockzeit unter propagandistischem Aspekt üblich geworden, in gebührender Entfernung der Hauptkirche einen Wallfahrtsort einzurichten.

Herbstlicher Buchenwald

Beim Waldaustritt blickt man auf das hügelige Land des oberen Schussenbeckens, unweit westlich liegt die Schussenquelle. Der erreichte Aussichtspunkt liegt auf dem Wall der äußeren Endmoräne, einer Bildung aus Gesteinsschutt der letzten Vereisung, der Würmeiszeit. Auf dem Scheitel des Endmoränenzugs geht es durch Buchenwälder und so soll endlich die Buche oder Rotbuche vorgestellt werden:

Junges Buchenlaub

Die **Buche** oder Rot-Buche (Fagus silvatica) ist unser wichtigster Waldbaum, im Forst nennt man sie gern „Mutter des Waldes"! Sie ist der häufigste Laubbaum unserer Wälder und bevorzugt tiefgründige Kalkböden, kommt aber auch noch gut auf mäßig sauren Böden voran. Als subatlantische Baumart liebt sie ein wintermildes, sommerwarmes Klima mit reichlich Regen. Sie mag keine Spätfröste, keine stauende Nässe, keinen hohen Grundwasserstand und keine Rutschhänge.

Waldgeschichtlich ist die Rot-Buche eine junge Baumart in Mitteleuropa. Nach der baumfreien Nacheiszeit ist sie als letzter Waldbaum, in einer niederschlagsreichen, atlantisch geprägten Klimaperiode bei uns eingewandert, richtig ausgebreitet hat sie sich erst vor 3000 bis 4000 Jahren.

Die Buche erträgt Schatten und spendet von allen mitteleuropäischen Waldbäumen den stärksten Schatten: Sie bildet ein geschlossenes, kaum Licht durchlassendes Kronendach. Das Ausschlagvermögen ist unbedeutend.

Unser Wort ‚Buche' leitet sich vom althochdeutschen 'buohha' her und ist die Bezeichnung für zusammengebundene, aus Buchenholz gefertigte Schreibtafeln! Nicht nur viele Ortschaften, auch zahllose Familien, führen 'buch' im Namen.

Trotzdem ist die Buche im Gegensatz zu Linde und Eiche kein eigentlicher Kulturfolger des Menschen geworden, in Süddeutschland stand sie weder auf dem Bauernhof noch im Dorf. Sie ist ein Waldbaum und Flurbaum geblieben, die vielen Beziehungen zum Alltagsleben, die Linde und Eiche auszeichnen, fehlen ihr.

Das Holz der Buche ist leicht spaltbar und von hohem Brennwert. Es war und ist ein vorzügliches Feuerholz! Buchenholz hat aber noch andere Eigenschaften, die es vielseitig verwendbar machen für: Gartenbänke, Kinderlaufställe, Möbel, Türschwellen, Treppenstufen und Fußböden. Und Buchenholz ist der Rohstoff für Holzkohle, Holzessig, Holzteer und Zellstoff.

Die Früchte und die Blütenverhältnisse zeigen Ähnlichkeiten mit der Eiche und der Edelkastanie, mit denen die Buche verwandt ist. Der braune stachlige Fruchtbecher springt im Oktober vierklappig auf und entlässt die beiden dreikantigen Nüsse, die glänzend rotbraunen Bucheckern oder 'Buchele'. Sie enthalten im Durchschnitt 20% fettes Öl und 23% Eiweißstoffe. In Notzeiten, zuletzt im Herbst 1946, gewann man daraus ein gutes hochwertiges Speiseöl und durch Rösten einen Kaffeeersatz, den so genannten ‚Muckefuck'.

Bucheckern sind schmackhaft, wegen des Gehalts an Blausäure-Glykosiden sollte man rohe Bucheckern jedoch nur in Maßen verzehren, während das Öl gänzlich ungiftig ist.

Bucheckern dienten ihres Nährstoffgehaltes wegen der Schweinemast im Waldweidebetrieb. „Ins Eckerich treiben" ist eine noch immer bekannte Redensart. Nur alle fünf bis zehn Jahre, je nach den örtlichen Verhältnissen, trägt die Buche eine ‚volle Mast'.

Fast bis Bad Waldsee bleibt der Weg auf dem Endmoränenwall und bietet immer wieder Ausblicke in den neuen Landschaftsraum des Jungmoränenlands, des oberschwäbischen Hügellands. Es ist eine unruhige und bucklige Landschaft, wo Ackerland, Grünland, Riedwiesen und Gehölze sich ständig abwechseln.

Hinter Wattenweiler erscheint auf einem „versprengten" Moränenzug der Alenberg, eine Landmarke, die dem Wanderer noch ein gute Weile Orientierung gibt. In der Baumgruppe versteckt sich das Wasserreservoir.

Vor Wattenweiler erscheint die Bahntrasse der 1850 eröffneten Südbahn von Ulm über Biberach nach Friedrichshafen. Sie passiert hier die europäische Hauptwasserscheide zwischen dem Rißtal und dem Schussental in einer sumpfigen Senke, wozu sie einen langen „Anlauf" mittels eines Damms macht, den wir bei **Winterstettenstadt** unterqueren, wo die Riß als kleines Rinnsal durch das einst von ihrem gleichnamigen Schmelzwasserstrom geschaffene Durchbruchstor im Endmoränenwall fließt.

Findling

An der Wasserscheide bei Winterstettenstadt

Das **Erntedankfest** wird am ersten Oktobersonntag, dem Sonntag nach dem Michaelistag, dem 29. September, gefeiert. Es ist ein uraltes Dankfest und es ist noch immer in den Kirchen beider Konfessionen üblich, Altäre und Kirchenraum mit den Früchten des Feldes und des Gartens zu schmücken, mit gebackenem Brot und der Erntekrone, aber auch mit Blumen und Kränzen.

Die Schenkenburg, die von drei Seiten von der Riß umflossen, eine echte Wartburg ist, hatte ihre Blüte in staufischer Zeit unter den staufertreuen Schenken von Winterstetten. Nicht ein Baum gedenkt ihrer, sondern ein Findling mit Gedenkschrift.

Erntedank in der Georgskirche zu Winterstettenstadt

133

Findlinge sind Felsbrocken, die von den Gletschern hergebracht wurden und nun wie Fremdlinge in der Landschaft liegen, so als ob sie sich verirrt hätten, weshalb sie auch Erratiker oder erratische Blöcke heißen.

Die **Hainbuche** (Carpinus betulus) ähnelt in mancher Beziehung der Buche oder Rotbuche, ohne mit ihr verwandt zu sein. Die Blätter sind bei beiden Arten eiförmig, bei der Hainbuche ist der Blattrand jedoch doppelt gesägt und die Blattfläche ist „plissiert". Beide haben eine glatte, silbrige Rinde, bei der Hainbuche ist sie jedoch oft gemustert wie eine Schlangenhaut, außerdem treten bei ihr am Stamm gedrehte Längswülste hervor.

Mit dem Laubaustrieb erscheinen Ende April die männlichen und weiblichen Blütenkätzchen: großschuppige, bräunlichgrüne Staubkätzchen und dünne, grüne Stempelkätzchen. Die hängenden, traubenförmigen Fruchtkätzchen sind sehr auffällig, die gerippten, harten Nussfrüchtchen sitzen in der Achsel eines großen dreilappigen Tragblatts, das zum Fliegen dient.

Die Hainbuche kann trockene Standorte und vernässte Böden besser ertragen als die Buche und nimmt an solchen Standorten deren Stellung ein, während sie sonst keine Chance gegenüber der Rot-Buche hat. Die Hainbuche ist robust und dank ihrer Ausschlagfähigkeit geradezu unverwüstlich. Das war bedeutsam für ihre Verwendung als Heckengehölz und im Niederwaldbetrieb. Ihres hellen Holzes wegen heißt die Hainbuche auch Weiß-Buche und unterscheidet sich darin von der Buche oder Rot-Buche, bei der das Holz rötlich ist. Ob der Härte des Holzes hieß sie früher auch Hornbaum oder Eisenbaum. Das Holz fand Verwendung für Holzgeräte, die starken mechanischen Belastungen ausgesetzt waren: Radnaben, Werkbänke, Hackklötze, Kegelkugeln und Kegel, ‚Morgensterne' und Dreschflegel.

Auch Hagbuche heißt sie, denn sie bildet die Hage, die Hecken, die Einfriedigungen. Diese hatten in der bäuerlichen Wirtschaft die Aufgabe, das Vieh von Wiesen und Feldern auszusperren. Damit der Hag aber richtig undurchdringlich wurde, musste zur Hagbuche der dornbewehrte Hagdorn oder Weißdorn kommen. Hage dienten auch zum Umhegen von Rechtsgütern und Territorien, Gehöften, Dörfern und Wehrkirchen. Sie waren Teil die mittelalterlichen Wehranlagen und der reichsstädtischen Landhegen.

Namengebend war der Hag für einen ‚hagebuchnen' Kerl, einen grobschlächtigen Menschen ohne Manieren und ‚hanebüchen' ist eine widerwärtige Handlungsweise. Vom Hag hergeleitet ist auch der ‚Hagestolz', althochdeutsch ‚hagustalt', der primär ein armer Hagbesitzer war, einer der nur ein „Gütle" hinterm Hag sein eigen nannte - im Allgemeinen ein nicht erbberechtigter nachgeborener Sohn, dem keine Heirat möglich war!

Die Hainbuche wurde im barocken Heckengarten zum Aufbau von Lauben und Heckenwänden gebraucht, denn sie verträgt auch radikale Schnitte. Noch heute ist sie die ideale Heckenpflanze! Durch den Schnitt wird sie noch dichter, sie behält das dürre Laub zum Teil den ganzen Winter über und ergibt einen guten Sicht- und Wetterschutz und behauptet sich sogar im urbanen Milieu.

Hainbuchenstämme

Alteiche vor Bad Waldsee

Der Höhenzug biegt bei Winterstettenstadt nun nach Süden um. Im Osten wird gelegentlich der Blick frei auf Unteressendorf und Oberessendorf, die beide an ihren weißen Gewerbebauten und weißen Kirchtürmen kenntlich sind. Im Westen vor dem Alenberg liegt das Land, wo die Riß entspringt. Das „Wilde Ried" ist seit dem Torfabbau weder wild noch ein Ried, sondern ein Kiefern- und Fichtenwald mit moorigen Partien. Die Unterbrechung des Höhenzugs an einem ehemaligen Gletschertor nutzt die Bundesstraße als steigungsfreien Durchlass. Auf der Höhe geht es über Englerts nach Mattenhaus, wo die Endmoräne verlassen wird.

Dann führt der Weg wieder durch den oberschwäbischen Fichtenwald, unter Umgehung des Bad Waldseer Gewerbegebiets, das wie eine Festungsbastion vor der Stadt liegt.

Bad Waldsee – Weingarten

Oberschwäbisches Hügelland und Altdorfer Wald

Hauswurz auf altem Bildstock

Bad Waldsee liegt auf einem Möränenhügel zwischen zwei Seen. Hat man über die Frauenbergkapelle die Randhöhen erreicht, so überblickt man einen anmutigen Landschaftsraum, der geologisch zum Gebiet der Rückzugsmoränen der letzten Eiszeit gehört und zwischen der äußeren (Waldsee) und der inneren Endmoräne (Altdorfer Wald) gelegen ist. Nicht alle Schmelzwasser fanden darin einen Ausgang und die abflusslosen Senken sind dann verlandet. Diese moorigen Flächen sind durch ihre Grünlandnutzung noch im Gelände auszumachen.

Vom Pilgerweg aus sieht man auf Wolpertshaus, Volkertshaus und Ankenreute. Der Weg führt durch die typischen Weilerorte Arisheim, Dinnenried, Gwigg, Gambach und Engenreute.

Eine sympathische Landmarke, die den Pilger stundenlang begleitet, ist die Mauritiuskapelle von **Volkertshaus**, die wie ein gestrandeter Kahn auf einem Moränenhügel liegt. Begleitet wird sie von einer Pappel, die das Schiff überragt. Es ist üblich gewesen, Feld- und Bergkapellen mit Bäumen zu umgeben, wofür natürlich Linden bevorzugt wurden.

Mauritiuskapelle von Volkertshaus

Die stattlichen Bauernhöfe verzichten nie auf Bäume. Häufig sind es Nussbäume wie in Ankenreute und oft kommt eine Sommerlinde hinzu wie in Wolpertsheim, Dinnenried und Atzenreute. Die Hoflinde in **Dinnenried** gehörte zur Wirtschaft „Zur Linde", sie ist seit 1972 Naturdenkmal und wohl ein seltenes Beispiel dafür, dass ein namengebender Lindenbaum sein Gasthaus überlebt hat und nicht umgekehrt.

> In Oberschwaben ist die **Linde** für gewöhnlich eine Sommerlinde. Als Baum feuchter Schluchtwälder schätzt sie die relativ hohen Niederschläge in Oberschwaben.
>
> Ein blühender Lindenbaum ist eine hochwertige Bienenweide, die vom Imker sehr geschätzt wird, zumal im Hochsommer das übrige Blütenangebot gering ausfällt. Es verwundert daher nicht, dass die Linde im Mittelalter „des Heiligen Römischen Reichs Bienengarten" genannt wurde. In Oberschwaben und im Allgäu gehörte oft ein Bienenhaus zum Hof und auch nach Aufgabe der Landwirtschaft wird die Imkerei gern weiterbetrieben. Lindenblütenhonig ist hell, dünnflüssig und aromatisch. Ein weiteres Produkt der bäuerlichen Imkerei, das Wachs, spielt heute kaum mehr eine Rolle. Da jedoch bei kirchlicher Grundherrschaft oftmals eine sogenannte Wachszinsigkeit bestand, war die Wachszieherei auf oberschwäbischen Einöden mitunter wichtiger als die Gewinnung von Honig.
>
> Der größte Gewinn, den man aus dem Baum zieht, ist der Lindenbaum selbst. Er erfreut im Frühling mit seinem lindgrünen Laubaustrieb, im Sommer mit betörendem Blütenduft und Bienengesumm, dazu mit angenehmem Schatten, dann mit goldgelbem Herbstlaub und in der kalten Jahreszeit belebt sein zartes Geäst den Winterhimmel.

Linde in den Gwigger Wiesen

Ahorn von Bergatreute

Wer den Umweg oder Abstecher über **Bergatreute** wählt, sei auf den „Bergatreuter Ahorn" aufmerksam gemacht. Der Bergahorn steht nordöstlich des Ortes auf einer Kuppe in der ‚Kapellenesch' an der Wegabzweigung nach Giesenweiler. Er hat eine schöne ebenmäßige Krone und ist etwa 180 Jahre alt, sein Stammunfang misst rund vier Meter. Er ist als Naturdenkmal ausgewiesen.

> Der **Berg-Ahorn** (*Acer pseudoplatanus*) ist ein Baum des Bergwaldes, gerne steht er in feuchten Bergtälern und schätzt tiefgründigen, nährstoffreichen Boden. Der Bergahorn ist der größte unter den heimischen Ahornarten. Er ist ein schöner, mittelgroßer Baum mit breiter abgewölbter Krone. In der Jugend wächst er langsam und wird freistehend etwa 25 bis 30 Meter hoch und über zwei Meter stark und 400 bis 600 Jahre alt. Seine Rinde bleibt lange glatt, erst im Alter entsteht die lebhaft gemusterte Borke, die wie bei der Platane in Schuppen abblättert.
>
> Die fünflappigen, derben, zugespitzten Blätter ähneln Weinblättern, sie sind oben dunkelgrün, unten gräulich, die Blattstiele sind lang und rot, die Blattstellung ist kreuzgegenständig, die Herbstfärbung zitronengelb. Die grünlichgelben hängenden Blütentrauben erscheinen erst nach dem Laub und werden gerne von Bienen besucht. 2009 war der Bergahorn „Baum des Jahres".

Engenreute ist der letzte Ort vor dem Altdorfer Wald, die Fahrstraße endet hier. Bemerkenswert sind die vielen Hoflinden und die großen Hofgebäude.

Selbst vor dem Wald steht eine machtvolle zwieslige Sommerlinde mit Bänkchen. Ein letztes Mal überblickt man von hier das hügelige Land bis zur Kapelle von Volkertshaus.

Im Fichtenwald ansteigend nimmt der Weg den Pass zwischen zwei Anhöhen, genau dort, wo sich linkerhand auf dem brombeerüberwucherten Waldplatz eine Riesenbuche gen Himmel streckt. Die „Hindenburgbuche" ist Naturdenkmal, im 2. Weltkrieg war sie Beobachtungsstand der Luftabwehr - mit erstaunlich weiter Sicht, nämlich bis nach Friedrichshafen! Ihr geschätztes Alter beträgt 250 Jahre.

Hindenburgbuche, ein Naturdenkmal

Der **Altdorfer Wald** ist das einzige große zusammenhängende Waldgebiet Oberschwabens, das unbesiedelt geblieben ist. Er reicht von der Waldburg bis Zollenreute bei Aulendorf und ist rund 8000 km^2 groß. Der Altdorfer Wald breitet sich auf dem Moränenwall der inneren Jungendmoräne aus und bedeckt den ganzen südlichen Abhang des Schussenbeckens. Auf den Höhen stockt ein Bergwald mit Buchen und Tannen, neben Lärchen und Fichten, an den sickerfeuchten Hängen gedeihen im Halbschatten unter Eschen und Erlen märchenhaft anmutende Bestände des Riesenschachtelhalms.

Der Altdorfer Wald hat im Bereich des Bergatreuter Forsts ein gut ausgebautes Wegenetz und wie anderswo ist an einer markanten Kreuzung, an der Sprengstein-Hütte, ein exotischer Waldbaum, ein Riesen-Mammutbaum, eine Wellingtonie, gepflanzt worden.

Das Waldgebiet ist noch immer reich an Weihern, wenn auch keiner direkt am Weg liegt, so deuten doch viele der Distriktnamen darauf hin. Die Weiherwirtschaft wurde im Spätmittelalter im Wesentlichen von den Klöstern geschaffen und unterhalten.

Am Weg längs der großen Waldwiese wachsen Rosskastanien, sie wurden wie in anderen Wäldern auch gerne als Futterbaum zur Äsung von Damwild und in Jagdwäldern zur Verschönerung der Forstwege gepflanzt.

> Auch im Altdorfer Wald werden die Rosskastanien von der **Kastanienminiermotte**, einem unscheinbaren Kleinschmetterling, heimgesucht. Der Befall äußert sich in Verbraunen und Vertrocknen der Blätter und schließlich in vorzeitiger Entlaubung. Verursacher sind die gefräßigen Larven, die aus dem Zellgewebe Gänge und Minen herausfressen und das übrige Blattgewebe zum Vertrocknen bringen. Durch Einsammeln und Vernichten des braunen Laubs, das die Eier für die nächste Generation beherbergt, lässt sich die Plage ganz gut eindämmen, im Forst ist diese Methode allerdings nicht praktikabel.

Beim Waldbad quert der Jakobsweg das Tal der Wolfegger Aach, die zuvor, wenige Kilometer oberhalb, in einem romantischen Tal die Moräne durchbrochen hat.

‚Aach' ist ein häufiger Name von Fließgewässern, was nicht wundert, denn Aach oder Ach kommt von dem althochdeutschen Wort ‚aha' oder ‚Ahe', was einfach Wasser bedeutet. **Köpfingen** ist ein alter Siedlungsort zwischen Baumwiesen und gewährt endlich wieder einen Ausblick, nämlich in das Schussental. Es zählt bereits zum Bodenseeraum und ist ein klimatisch begünstigtes Gebiet, wovon die vielen Nussbäume und Rosskastanien sowie der Obstbau zeugen. Das Schussental ist eigentlich kein Tal, es wurde vom Rheingletscher ausgehobelt, dann mit Sedimenten der Schmelzwasser verfüllt, und viel später erst nutzte die Schussen diese Senke auf dem Weg zum See.

In **Weingarten** erinnern die Weinreben auf den schmalen Terrassen unterhalb der Basilika daran, dass der Weinbau für das Kloster auf dem Martinsberg namengebend gewesen ist. Und wir erinnern uns dabei an die vielen Gleichnisse der Bibel, die sich auf den Weinberg beziehen, auch an den sprichwörtlichen „Arbeiter im Weinberg des Herrn".

Weinreben an der Basilika von Weingarten

Weingarten - Meersburg - Konstanz

Schussental und Bodenseebecken

Ravensburg ist das Zentrum des Schussentals. Die Altstadt der ehemaligen Reichsstadt Ravensburg liegt am linken Talrand. Auf der anderen Talseite geht es durch den Rahlenwald und den Hotterlochwald im Naherholungsgebiet des Ballungsraums weiter. Auch der kühle Hotterlochtobel, der kurvenreich durch das Molassegestein zieht, ist ein beliebtes Ausflugsziel. Nach den Fichtenwäldern Oberschwabens erfreuen jetzt wieder schöne Waldpartien mit hohen Tannen. Auf den Oberzeller Wald folgt der Adelsreuter Wald, ein ehemaliger Klosterwald Salems, dann kommt der Weißenauer Wald. Und dann folgen die Obstanlagen des berühmten Bodenseeobstbaus.

Obstanlage bei Laufenen

Vor dem Talwald liegt malerisch inmitten der Maiskulturen und hinter Nussbäumen versteckt die Kapelle von **Laufenen**. Die einfache Kapelle zeigt auf den Altarsäulen ein beliebtes Motiv, nämlich die rankenden Weinreben mit dem ebenfalls rankenden Efeu. Die Weinreben samt den Trauben stehen für das Leben - die Efeuranken meinen den Tod. Die Kombination der beiden Rankengewächse ist uralt und schon aus der Antike in der gleichen Symbolik bekannt.

Brochenzell ist mit der Jakobuskirche ein Jakobspilgerzentrum und darüber hinaus ein Ort der Obst- und Nussbäume.

Walnuss in Blüte

Den Nussbaum, die **Walnuss** (Juglans regia), kennt jeder Pilger. Die Bäume bilden ausladende Kronen, so dass sie fast so breit wie hoch sind. Ihr Schatten ist kühl und dunkel. Nussbäume leiden unter strengen Winterfrösten und Spätfrösten und gedeihen am besten in Gegenden mit Weinbauklima. Deshalb sind sie hier im Bodenseebecken verbreitet, aber auch in den warmen Lagen Hohenlohes. Im Keuperbergland sagen ihnen meist die Bodenverhältnisse nicht zu und auf der Schwäbischen Alb ist es ihnen zu kalt, was nicht bedeutet, dass sie dort nicht kultiviert werden, sie gehören dann aber zu den Raritäten, auf die man stolz ist.

Nussbäume brauchen ferner einen warmen, hellen und windgeschützten Platz. Diese Bedürfnisse und die Frostempfindlichkeit sind ein Zeichen für die südliche Herkunft der Art, denn der Nussbaum ist erst in römischer Zeit und noch einmal im frühen Mittelalter, zur Zeit Karls des Großen, als Kulturbaum in die Länder nördlich der Alpen gelangt. Über die spätlateinische Bezeichnung 'nux gallica' ist er als 'Welsche Nuss' oder Walnuss in die deutsche Sprache gelangt. Die ursprüngliche Verbreitung des Baumes ist in Griechenland und Kleinasien zu suchen.

Die Blüten erscheinen kurz vor oder mit den Blättern. Die Walnuss ist einhäusig, die dicken, grünlichen, nach der Seite hängenden Blütenkätzchen der männlichen Blüten sind sehr auffällig, als braune „Würstchen" übersäen sie alsbald den Boden. Die weiblichen Blüten muss man suchen, sie sitzen zu mehreren an den Sprossenden und sind an den fleischigen, zurückgekrümmten rötlichen Narben kenntlich.

Die Blätter sind unpaar gefiedert, in der Regel sind es sieben Fiedern. Sie sind glänzend dunkelgrün und etwas derb, beim Zerreiben duften sie aromatisch. Die gerbstoffhaltigen Blätter fanden als arzneiliche und kosmetische Hausmittel vielerlei Verwendung wie auch die Fruchtschalen. Sie waren wie Wacholderbeeren und Raute ein altes Pestmittel. Erwähnt sei der Nussblätterabsud gegen Kopfläuse und die mit Alaun versetzte Haarbeize, die das Haar der Rothaarigen dunkler tönte. Auch als einfachen „Selbstbräuner" hat man sich den Farbstoff der grünen Schalen zu Nutzen gemacht - das ungewollte Braunfärben der Hände bei der Nussernte ist ja allgemein bekannt. Frische Nussblätter hängte man gegen Ungeziefer in den Kleiderschrank und der aromatische Duft der Blätter hält auch Bienen und Käfer vom Nussbaum fern. Mit einem Sud von Nussblättern hat man Pferde abgerieben, um sie vor Schmeißfliegen und Mücken zu schützen.

Nussbaum in Brochenzell

Füratweiler liegt inmitten von Obstanlagen und zur Zeit der Obstbaumblüte ist der Weg zauberhaft. Der Jakobsweg geht mitten durch eine ‚Hochburg' des Bodenseeobstbaus, das wichtigste Erzeugnis sind Tafeläpfel. **Unterteuringen** hat wiederum schöne Nussbäume und auf dem Zeppelinhof eine wundervolle, alte Stieleiche. Gelegentlich ist jetzt dem See zu auch ein anderer Dialekt zu hören, das Bodenseealemannisch, das aber immer mehr vom Schwäbischen verdrängt wird. Die alte Grenze dieses Sprachraums bildete im Norden der Altdorfer Wald.

Der vielgestaltige und kleinräumige Landschaftscharakter des südlichen Oberschwabens bleibt auch am Bodensee gewahrt. Im Norden erhebt sich das Massiv des Gehrenbergs, eines Molassebergs. Davor geht der Jakobsweg durch eine Senke, ein ehemaliges Ried, den Rest eines Eisrandtals, das von Ost nach West verläuft und am Ende der Eiszeit entstand. Anders als im nördlichen Oberschwaben, wo das Schmelzwasser vom Eisrand zur Donau abfließen konnte, versperrte hier das Gehrenbergmassiv den Weg. Nach Süden war auch kein Weg, dort blockierte noch

das Gletschereis und so staute sich hier das Wasser, bis es einen Auslass nach Westen fand. Heute fließen die Bäche zum See, denn nach dem Eisrückzug konnten sie sich einen Weg durch die Moränen suchen.

Bei Ittendorf mischt sich erstmals Rebland unter die Obstkulturen Hier war einst das am Weinbau interessierte Kloster Einsiedeln begütert, denn im Bergland von Einsiedeln reicht das Klima zwar für die Pferdezucht aus, nicht aber für den Weinbau.

Dann kommen die letzten Hügel vor dem See mit den Gebäudeensembles von Breitenbach, der Alten Landstraße, der modernen Stadt, dann geht es hinunter in die Altstadt von Meersburg.

Eiche vom Zeppelinhof

Breitenbach - Oberhof

Kandelaber-Platane an der Uferpromenade von Meersburg

Meersburg ist vom Weinbau geprägt, bei der Besichtigung von Torkeln und Fässern, darf man sich daran erinnern, dass es sich hier um massives Eichenholz handelt, auch beim ‚Kelterbaum', der nicht von ungefähr so heißt!

> Auf der Uferpromenade fallen als Zierbäume die **Kandelaber-Platanen** ins Auge und im benachbarten Garten vom „Wilden Mann" die ebenso geformten Rosskastanien. Es sind gärtnerische Erziehungsformen, die man getrost als historisch bezeichnen darf. Als urbanes Gestaltungsmittel hatten solche Formbäume ihre Blüte in der Gründerzeit. Platanen ertragen den Schnitt und sind erziehbar, nicht nur in Kandelaberform, auch weniger streng zu einem Baumdach auf städtischen Plätzen.

Die Fähre nach Staad quert den Bodensee etwa an der Stelle, wo dessen östlicher Teil, der Obersee, und der westliche Teil, der Überlinger See, ineinander übergehen. Der dritte Seeteil, der Untersee, ist durch den Seerhein vor Konstanz deutlich vom Obersee getrennt. So unendlich weit der Bodensee auch erscheinen mag, doch ein Areal seiner Flächenausdehnung fällt in der Bundesrepublik Deutschland alle zwei Jahre der Überbauung und Versiegelung anheim!

Konstanz war im Hochmittelalter eine bedeutender Anlaufpunkt für Pilger aus ganz Oberdeutschland, sowohl für Rompilger als auch für Heiliglandpilger und schließlich auch für Jakobspilger.

Die Routen der Pilger und Kaufleute folgten den alten Römerstraßen, denn Konstanz ist eine römische Gründung. Dort, auf dem höchsten Punkt des Moränenhügels, wurde dann das Konstanzer Münster erbaut, das von Anfang an eine Bischofskirche war. Das Bistum Konstanz wurde um das Jahr 590 von den siegreichen fränkischen Merowingern als Missionsbistum gegründet, nicht weil die unterlegenen Alamannen danach gerufen hätten, und es wurde das größte Bistum nördlich der Alpen. Das Münster war Tagungsort für das Konzil von Konstanz, dem bedeutendsten kirchenpolitischen Ereignis des 15. Jahrhunderts und größten internationalen Kongress des Mittelalters! Im Jahre 1821 wurde das Bistum von der päpstlichen Kurie aufgelöst. Nachfolgebistümer wurden in Baden und in Württemberg die Erzdiözese Freiburg bzw. die Diözese Rottenburg. Die Schweizer und Vorarlberger Gebiete wurden auf die dortigen Bistümer aufgeteilt.

Zwischen Wessenberg-Palais, Münster und altkatholischer Christuskirche spenden im Sommer alte Kastanienbäume reichlich Schatten. Mit der Vorstellung dieses letzten attraktiven Stadtbaums soll der lange Weg von Baum zu Baum von Würzburg nach Konstanz beschlossen werden.

Kastanienblüte

Die **Rosskastanie** (Aesculus hippocastanum) ist ein Baum, den jeder kennt, sie ist weit verbreitet und ziert nicht nur städtische Plätze und Straßen, auch Bauernhöfe, Schlösser und Gartenwirtschaften und war 2005 Baum des Jahres. Ihr Blattwerk ist tief dunkelgrün und dicht und von allen unseren Bäumen geben Rosskastanien den dunkelsten Schatten. Im Mai schmückt sich die Kastanie über und über mit weißen Blütenkerzen. Auch im Winteraspekt sind Kastanienbäume dank ihrer charakteristischen Wuchsform sowie an den großen mit harzigen Schuppen bedeckten Winterknospen leicht kenntlich.

Die seidig glänzenden Kastanien, die den grünen Stachelfrüchten entspringen, sind beliebte „Handschmeichler" in der Hosentasche und in Dreizahl mitgeführt sind sie Glücksbringer und schützen vor allerlei Ungemach, vor Gicht und Rheuma! Dem Jakobspilger seien die Extrakte der Rosskastanie empfohlen: Sie erfrischen müde Waden und beugen Venenstauungen in den Beinen vor!

Entgegen der landläufigen Meinung ist die Rosskastanie kein heimischer Baum. Sie kam Mitte des 16. Jahrhunderts als exotisches Gewächs mit Flieder und Tulpe auf dem Gesandtschaftsweg aus den osmanischen Gärten am Bosporus an den kaiserlichen Hof nach Wien, wo die erste Rosskastanie 1603 in den Gärten von Schönbrunn erblühte. Die Kastanie wurde ein Lieblingsbaum der Barockzeit und schmückte fürstliche Gärten und Alleen. Im 19. Jahrhundert „verbürgerlichte" der Baum als Schattenspender im Biergarten. Der einstigen Verwendung der Kastanien als Pferdefutter und als Pferdemedizin verdankt der

Rosskastanie auf dem Münsterplatz in Konstanz

Baum den ersten Teil seines Namens und der scheinbaren Ähnlichkeit mit den echten Kastanien, den Maronen, den zweiten.

    Kastanienbäume bevorzugen einen sonnigen oder halbschattigen Platz und einen guten Boden, sind sonst aber genügsam, was sich bei Heinrich Waggerl so liest:

> Wie trägt sie bloß
> ihr hartes Los
> in Straßenhitze und Gestank?
> Und niemals Urlaub, keinen Dank!
> Bedenk, Gott prüft sie ja nicht nur,
> er gab ihr auch die Roßnatur!

Tauber – Neckar – Jakobsweg:

Rothenburg o.d.T. – Tübingen

Rothenburg – Schrozberg

Auf der Hohenloher Ebene

Blick auf Rothenburg

Die Westroute des Jakobsweg von Rothenburg über Tübingen nach Konstanz hat nicht minder schöne Baumlandschaften!

Rothenburg wird durch ein altes Tor verlassen, vorbei an der Linde (von 1789) und über die Tauberbrücke wird durch den steilen Hangwald die waldfreie Höhe erreicht. Rothenburg hat sich vom Taubertal her besehen, seine mittelalterliche Silhouette bewahren können. Die Stadt macht mit ihren Türmen und Befestigungen den Eindruck, als wäre die Neuzeit an ihr vorbeigegangen, und der einstige Gegensatz von Stadt und Dorf lässt sich hier erahnen.

Harmonische Landschaftsbilder und Naturräume schätzen wir inzwischen als ‚heile Welt', weil es kaum mehr unverbaute und unzerschnittene Landschaftsräume von nennenswerter Erstreckung gibt.

Brunsdorf, Leuzenbronn und Schnepfendorf liegen im Luv eines Höhenrückens inmitten von Zuckerrüben- und Getreidefeldern. Birnbaumreihen und Feldraine ziehen sich hin bis zum Horizont.

Bei den drei Windkraftanlagen wird der Scheitel erreicht und im Südwesten tauchen Kirchturm und Wasserturm von Leuzendorf auf. Über die Höhe zieht quer ein schütteres Heckenband, das den Verlauf der Landesgrenze zwischen Bayern und Baden-Württemberg markiert. Es ist eine äußerst künstliche Grenze und noch immer streben alle Straßen aus dem westlichen Umland auf die Stadt Rothenburg zu.

Enzenweiler begrüßt den Pilger mit einem großen Steinkreuz und einem mächtigen Nussbaum, vor Spindelbach geht es zu einem pappelgesäumtem Weiher und aufgelassenen Steinbruch, dann durch den Wald zum ehemaligen Forsthaus und Hofgut Schöngras. Eine Eichenreihe führt in eine Senke, wo Kopfweiden und eine imposante Pappelreihe das wasserreiche Gelände anzeigen und seine alte Nutzung. Der Weg bleibt als Höhenweg jetzt immer auf dem ostwestlich verlaufenden, nur 20 Meter höheren bewaldeten Rücken, der die Wasserscheide zwischen den Rinnsalen zur Vorbach und Tauber nach Norden und denen zur Brettach bzw. Jagst nach Süden bildet. Bevor der Weg den höchsten Punkt von 490 m NN erreicht, erfährt der Wald eine Unterbrechung: Auf die Anhöhe kommt ans Gelände angeschmiegt ein apfelbaumgesäumter Fahrweg hoch, der für wenige Minuten auch der markierte Jakobsweg ist.

Der Pilgerweg als Obstbaumallee

Apfelbaum oder der **Kultur - Apfel** (Malus x domestica).

Der Apfel gilt als die Frucht aller Früchte und ist der Deutschen liebstes Obst. Er ist schmackhaft, gesund, heilkräftig und sieht verlockend aus. Und was soll die saftige Knackigkeit eines Apfels denn sonst versinnbildlichen als das Leben, die Liebe und die Fruchtbarkeit? Schließlich soll es ein Apfel gewesen sein, der die ersten Menschen im Paradies zu Fall brachte!

Im übertragenen Sinn bezeichnet man als ‚Apfel' alle Dinge, die mit der Form eines Apfels Ähnlichkeit haben. Das fängt an mit dem ‚Reichsapfel', dem Ausdruck unumschränkter königlicher Macht, der so auch auf den Altarbildern in den Händen des Jesusknaben als Machtsymbol zu verstehen ist.

Wir kennen den Zankapfel, den Augapfel, den Adamsapfel. Die runden Gallen auf den Eichenblättern sind Galläpfel, die Kartoffeln heißen Erdäpfel und die Pferde ‚äpfeln'. Natürlich muss der Apfel auch für viele Sinnsprüche herhalten, wenn ‚der Apfel nicht weit vom Stamm fällt' oder jemand ‚in den sauren Apfel beißen' muss.

Der Apfelbaum ist eng verwandt mit dem Birnbaum, beide Arten gehören zur Unterfamilie der Kernobstartigen innerhalb der großen vielgestaltigen Familie der Rosengewächse. Zum Kernobst zählen neben Apfel und Birne, auch Quitte und Speierling. Sie alle haben so genannte Apfelfrüchte. Das sind die Verwachsungsprodukte aus der eigentlichen Frucht, dem pergamentartigen Kerngehäuse mit dem Blütenbodengewebe, welches das saftige Fruchtfleisch liefert.

Der kalendarische Zeitpunkt der Apfelblüte signalisiert noch immer den meteorologischen Frühjahrsbeginn, den endgültigen Einzug des Frühlings. In Süddeutschland reicht die Spanne von Mitte April bis Mitte Mai. Die Blühzeit währt beim Apfelbaum rund zehn Tage. Die Blütenblätter sind nur innen weiß und außen je nach Sorte mehr oder weniger rosarot. Die Staubbeutel sind reingelb im Gegensatz zur Birnblüte, wo sie rotviolett sind. Der Duft ist lieblich. Die nektarführenden Blüten werden gerne von Bienen besucht.

Der Wildapfel oder **Holzapfel** (Malus sylvestris) war in Germanien schon in Kultur, als die Römer veredelte Apfelsorten aus dem Süden brachten. Mit Edelreisern vorderasiatischer Abstammung blühte die Obstkultur auf. Die Wildapfelbäume dürften noch lange das Unterlagenholz gestellt haben. Für andere von den Römern gebrachte Obstarten wurde im Allgemeinen auch der römische Name übernommen und eingedeutscht, nicht so beim Apfel, es ist ein urdeutscher Name.

Der Holzapfelbaum und viele verwilderte Kulturformen und Kreuzungen beider kommen in Feldgehölzen und in hellen sonnigen Wäldern immer wieder vor. Sproßdornen und das Fehlen der filzigen Blattbehaarung kennzeichnen den Holzapfelbaum, seine Früchte sind hellgelb und schmecken herb, die bäuerliche Wirtschaft nutzte sie als Beimischung zur Essig- und Mostbereitung.

Blühender Apfelbaum

Apfelblüte

Die **Obstbaukultur** lässt man gern mit Karl dem Großen beginnen und zitiert dazu aus seiner Landgüterverordnung: „Die Bäume betreffend ordnen wir an, dass vorhanden seien: Apfelbäume in verschiedenen Sorten, Birnbäume in verschiedenen Sorten..." Namentlich werden die Apfelsorten aufgeführt: „Malorum nomina: gozmaringa, geroldinga ... " Unsere ältesten Apfelsorten! Keiner kennt sie, wahrscheinlich sind sie in anderen Sorten aufgegangen.

Im Mittelalter wetteiferten dann Adel und Klerus um die Einführung und die Pflege des Obstbaus. Auch Friedrich Barbarossa gilt als Förderer des Obstbaus auf seinen Gütern. Einen großen Aufschwung erlebte die Obstkultur in der Renaissancezeit und ihren Tiefstand nach den Verheerungen des Dreißigjährigen Krieges, wovon sie sich nur langsam erholte und gegen Ende des 18. Jahrhunderts einen neuen Höhepunkt erreichte. Ende des 19. Jahrhunderts nahm in den Weinbaugegenden der Obstanbau nochmals einen ungewollten Aufschwung, denn mit Einschleppung der Reblaus war der Weinbau in eine tiefe Krise geraten und viele Weinlagen wurden zu Obstbaumwiesen und die Weintrinker zu Mosttrinkern.

Im bäuerlichen Obstbau gab es Baumwiesen ursprünglich nur in Siedlungsnähe, in den Baumgärten um die Gehöfte. Etwa ab 1750 werden auch feldmäßige Pflanzungen von hochstämmigen Obstbäumen angelegt - kraft landesherrschaftlicher Verfügungen. Auf den Allmenden, den Gemeindeviehweiden, werden in manchen Territorien erstmals Obstbäume gepflanzt. Die Verbesserung der Landwirtschaft war ein zentrales Thema der Aufklärung und auch die „mindermächtigen" Herren waren leidenschaftliche Förderer des Obstbaus, der ganz gezielt auch der „Landesverschönerung" dienlich sein sollte, um ein „kultiviertes Franken" zu schaffen.

Einen Aufschwung erfuhr der Streuobstbau dann nochmals in württembergischer Zeit durch König Wilhelm I, den „König der Landwirte" und „Landwirt unter den Königen". Der Streuobstbau war besonders für Kleinbauern lukrativ und daher wurden die Realteilungsgebiete Altwürttembergs und einige Teile des Frankenlandes die klassischen Obstbaugebiete in Süddeutschland. Im Grunde hat die Streuobstkonjunktur bis etwa 1955 angedauert.

Naturräumlich sind wir auf einer Muschelkalk-Lettenkeuper-Ebene, der gelegentlich der Lößlehm aufliegt, und die als Gaulandschaft sich langsam verschmälernd am Rand der bewaldeten Keuperberge bis zum Schwarzwald hinzieht. Die Gäue sind immer flachwellig, waldarm, kornreich und altbesiedelt. Hier heißt dieses Plateau nicht Gau, sondern Ebene, wir sind im östlichsten Teil der Hohenloher - Haller Ebene, die der Jakobspilger in ihrer ganzen Längenausdehnung bis zum Rand des Mainhardter Walds durchwandern wird.

Die Beschreibung des Oberamts Gerabronn von 1847 sagt über die Landschaft: „Was sodann das Plateau betrifft, so ist das Äußere desselben zwar im Ganzen einförmig, in manchen Parthien aber doch nicht ohne Reiz."

Reizvoll ist der Blick auf eine ganz besondere Heckenreihe, eigentlich einen waldartigen Bestand. In ihm verbirgt sich die Rothenburger Landhege. Heute ist sie ein landesgeschichtliches Denkmal und eine Lebensader für Tier und Pflanze. Sie war die mittelalterliche Rechtsgrenze und Verteidigungslinie der Reichsstadt Rothenburg und vermochte immerhin die Dörfer „in der Landwehr" vor Raubüberfällen zu schützen.

Hecke der Landhege

Durch Eichenwald mit Lärchen und Fichten, der dann ganz von Nadelwald abgelöst wird, gelangt der Pilger nach **Schrozberg,** das auf seinem Marktplatz mit einer gelungenen Platzgestaltung aufwartet: einem kleinen, aber feinen „Paradiesgärtlein" mit allerfeinsten Zierapfelbäumchen.

Wie der Name sagt, handelt es sich bei den Zierapfelbaumsorten um Zierbäume, sie kommen aus Ostasien, werden meist hochstämmig mit kleiner Kugelkrone kultiviert und tragen einen schönen Blüten- und Fruchtschmuck.

Die Kirche zu **Schrozberg** hat sich ihr Lindengrün bewahren können. Es ist eine evangelische Kirche. Die ganze Wegstrecke von Rothenburg bis zur Wurmlinger Kapelle bei Tübingen führt durch evangelisch geprägte Lande, die vormaligen Territorien von Rothenburg, Hohenlohe, Schwäbisch Hall und Württemberg. Nicht einmal säkularisierte Klöster hat es am Wegesrand, zunächst jedenfalls nicht, denn die Grafen von Hohenlohe, die hierzulande im hohen Mittelalter die Herren waren, haben sich nicht mit Klostergründungen abgegeben. Burgen oder Schlösser hingegen haben sie reichlich hinterlassen, auch Schrozberg bezeugt es.

Schrozberg – Langenburg

Weiter in Hohenlohe – Franken

Durch die hochstrebenden Gewerbegebiete entlang der alten Bahntrasse geht es durch eine ehemals feuchte Senke, dem Quellgebiet der Vorbach, die nach Norden zur Tauber geht. Man quert die Bahntrasse, die hier auf flachem Scheitel die Wasserscheide zur Jagst passiert, und kurz danach die B 290, die alte Kaiserstraße, eine spätmittelalterliche Geleitstraße und typische Höhenstraße. Der Wasserturm erinnert ebenfalls, dass wir uns am Scheitelpunkt befinden. Hinter Erpfersweiler geht es wieder durch die weiten Fluren der steinfreien Lößlehmböden.

Es ist ein Land des Ackerbaus, es war aber auch ein Land des Obstbaus. An ganz kleinen Sträßchen wie hier am Jakobsweg gibt es immer wieder Obstbaumreihen, sie stehen übrigens auf der Südseite und werfen den Schatten hauptsächlich auf den Weg und nicht auf das Wirtschaftsland.

> Für den **Straßenobstbau** wurden Birnbäume und Apfelbäume, gelegentlich auch Zwetschgenbäume eingesetzt. Als Fruchtbäume sollten sie eine maximale Obsternte erbringen und wurden durch Schnittmaßnahmen zur Bildung von Fruchtholz angeregt, nachdem sie in der Jugend schon eine günstige Kronenerziehung erhalten hatten. Es sind Hochstämme, denn der Raum unter ihnen, der Straßenrand, war nicht brach, er wurde gemäht oder beweidet und nach der Obsternte wurde das Falllaub abgerecht.

Baumwiese bei Billingsbach

Birnbaum in Hohenlohe

Birnblüte

Mit ihrer Kleinfrüchtigkeit erinnern die Mostbirnen an ihre Abstammung von der Holzbirne, die eine der vielen Wildformen des **Kultur-Birnbaums** (Pyrus communis) ist - neben südosteuropäischen und westasiatischen Wildarten. Auch Mostbirnen werden in zahlreichen Kultursorten angebaut. Die regionaltypische Mostbirne in Hohenlohe ist die ‚Kirchensaller Mostbirne'. Sie ist starkwüchsig, im Herbst färbt sich das Laub leuchtend gelb. Die Sorte ist zugleich eine wichtige Sämlingsunterlage für viele Birnensorten in Deutschland. Die hochkronigen Mostbirnbäume an den Straßen wurden nicht allein auf den Fruchtertrag erzogen, sondern auch auf Erzielung von Stammholz durch frühes Aufasten.

Birnbaumholz war ein geschätztes Möbelholz. Es ist rötlichbraun und lebhaft gemasert und ist auch das Holz der Blockflöten und das Intarsienholz der barocken Fußböden in hohenlohischen Schlössern. Es lässt sich tiefschwarz beizen und dient dann als Ersatz für echtes tropisches Ebenholz. Trotz seiner Härte eignet sich Birnholz zum Schnitzen. Holzmodel wurden aus ihm gefertigt, auch die Gebäckmodel für Springerle, einem spezifisch oberdeutschen Weihnachtsgebäck.

Birnbäume haben sowohl eine weibliche als auch eine männliche Symbolik. Die Birnfrucht wird schon ihrer Form wegen als weiblich angesehen.

Die Blüten stehen büschelig beieinander, kleine Sträußchen bildend, eigentlich sind es stummelartige Seitenzweige, die viele Blüten haben. Im Unterschied zum Apfelbaum sind die Blüten rein weiß und die Staubbeutel sind purpurfarben. Der kleinblättrige, Dornen tragende **Holzbirnbaum** (Pyrus pyraster) ist ein seltener mitteleuropäischer Waldbaum und wächst gern an sonnigen Waldrändern auf kalkhaltigem Untergrund und ist im Hohenloher Land heimisch. Holzbirnbäume waren in Germanien in Kultur, bevor aus dem Süden die Veredelungstechnik und die Edelreiser kamen. Die starken alten Holzbirnbäume erfuhren religiöse Verehrung, nicht zuletzt als Träger der Laubholzmistel. Sie teilten bei der Christianisierung das Schicksal der heiligen Eichen, denn Mission war mit Bäumfällen verknüpft, der Beseitigung der alten Glaubenssymbole.

In Billingsbach ändert sich die Landschaft: Durch die Gallenklinge kommen wir nahe der Hertensteiner Mühle in das Tal des Rötelbachs, der im Sommer fast kein Wasser führt, denn im verkarsteten Muschelkalk läuft das Wasser gern unterirdisch.

Wieder oben im Wald, einem Buchenwald, lassen sich die harmonischen Waldbilder genießen. Am Parkplatz Kaltenbrunnen geht der Jakobsweg geradeaus weiter, links führt eine Kastanienreihe durch den ehemaligen Jagdwald weiter zu den alten **Eichen** der Schweizer Wiese. Sie sind rund 350 Jahre alt. Nicht alles an ihnen ist uralt, das Frühjahrslaub ist ganz jung und die Bäume leben alle noch. Sie waren in die barocke Landschaftsgestaltung um das Sommerschlösschen Ludwigsruhe einbezogen. Im Spätsommer, wenn die ersten Eicheln reifen, gibt es nicht nur für

Laubwald vor Langenburg

Hausschweine auch für Wildschweine ein reichliches Nahrungsangebot unter Eichbäumen. Besonders starke Samenjahre, die Mastjahre, treten bei der Eiche alle zwei bis sieben Jahre auf und die passende Bauernregel heißt: Viele Eicheln bedeuten einen strengen Winter!

> Die Ludwigsruher Eichen sind aus der Nutzung ausgeschieden, daher sei an die ökologische Wertigkeit von Alteichen erinnert: Kein einheimischer Baum hat soviel tierische Mitbewohner und Gäste wie die Eiche. Rund 25 Vogelarten wurden gezählt. Von Holz und Rinde ernähren sich 110 verschiedene Käfer und Käferlarven. Von Laub, Knospen und Früchten leben weitere 200 Käferarten, Schmetterlingsraupen und Gallwespen, zusammen also weit über 300 verschiedene Insektenarten! Im Vergleich bringt es die Rotbuche auf 60 Arten und die fremdländische Platane auf nur eine einzige Art! Der spektakulärste Eichenbewohner ist der Hirschkäfer. Sein Vorkommen ist an alte Eichenwälder gebunden. Ihm an Schönheit nicht nachstehend ist der Große Eichen- oder Heldbock, auch er ist ein Käfer des Eichenwaldes wie auch der Eichenwidderbock. Die Zahl der Schmetterlingsarten ist noch höher, für viele ist die Art namengebend: Eichenwickler, Eichenzipfelfalter, Eichenzahnspinner, Eichenspinner, Eichenschwärmer.

Alteiche vor Ludwigsruhe auf der Schweizer Wiese

> Galläpfel oder Eichäpfel sind kugelrunde, gelbe bis rote Gebilde auf der Blattunterseite. Sie entstehen, wenn Eichengallwespen einstechen und mit langem Legestachel ihre Eier in das Blattgewebe versenken. Der Baum reagiert in „fremddienlicher Zweckmäßigkeit" und stellt den Larven im Gallgewebe eine wohlgefüllte Speisekammer zur Verfügung. Galläpfel haben einen extrem hohen Gerbstoffgehalt (75%), den man vielfältig genutzt hat: Die urkundenfeste Eisengallus-Tinte wird aus der Gallussäure der Galläpfel hergestellt.

Bei der **Atzenroder Linde** kommen wir auf die Hauptstraße, die „alte Poststraße" von Langenburg nach Blaufelden, die bis Mitte der 1960-er Jahre eine Alleenstraße gewesen ist. Wir nähern uns Langenburg, dem ‚Herz' des Hohenloher Landes.

‚Hohenlohe' ist heute eine landschaftliche Bezeichnung und ein kulturgeographischer Begriff. Es spricht nicht gegen die Herrschaft der Grafen und Reichsfürsten von Hohenlohe, dass sie ihrem Land den Namen ihres Geschlechts hinterlassen konnten, zumal der Name unter den Tisch gefallen ist, als das Fürstentum durch die Mediatisierung 1806 an Württemberg fiel und den Kunstnamen ‚Württembergisch-Franken' verpasst bekam. Doch wie Phönix aus der Asche ist der Name ‚Hohenlohe' wiedererstanden und heute nennt sich das Land ‚Hohenlohe - Franken' oder einfach nur ‚Hohenlohe' und umfasst außer dem gleichnamigen Landkreis auch den ganzen Nordosten des Landkreises Schwäbisch Hall.

Die Gartensymmetrie korrespondiert mit der lieblichen Landschaft

Schloss Langenburg, auf einem langgezogenen Bergsporn liegend, ist aus einer Ritterburg der Stauferzeit hervorgegangen und heute im Wesentlichen ein Renaissancebau mit barocken Verschönerungen. Das Bedürfnis nach einem standesgemäßen Hofgarten, der quasi die Architektur des Schlosses um vorgelagerte Gartenanlagen erweitert, schuf am steilen Südhang einen interessanten Terrassengarten und auf der Ebene ein Gartenparterre, das heute als Rosenparterre gepflegt wird. Über dessen strenge Symmetrie fällt der Blick hinaus auf die weichen Formen der Landschaft.

Vor der starken Terrassenmauer steht ein alter seltener Baum, es ist ein Maulbeerbaum.

> Die **Schwarze Maulbeere** (Morus nigra) kam in der Renaissancezeit als Formbaum in Mode, denn durch Kappung des Leittriebs ließ sich eine kugelige Krone erzielen. Die Schwarze Maulbeere ist in den Schwarzmeerländern und Persien beheimatet. Der Baum ist zweihäusig. Das hier an der Mauer wachsende Exemplar ist weiblich, denn es hat beerenartige schwarze Früchte von süßsauerem Geschmack. Die Früchte finden als Speisefarbe Verwendung, früher haben sie dem heimischen Wein zu einer kräftigen feurigen Farbe verholfen. Die Verschiedenartigkeit des Laubs, das herzförmig gebuchtet und oval sein kann, teilt die Art mit dem Weißen Maulbeerbaum, doch für die Seidenraupenzucht eignet er sich nicht. Der Name Maulbeere leitet sich ganz fern vom lateinischen morum her, das stark verballhornt schließlich zur ‚Maulbeere' geworden sein soll.

Unter uns liegt das Tal der Jagst mit dem Ort Bächlingen mit Wiesenauen und Hangwäldern, eine glückliche Symbiose von Kultur und Natur. Wer möchte da

Maulbeerbaum an der Terrassenmauer

nicht wohnen? Die Bauplätze gingen weg wie warme Wecken, im Nu wäre der gesamte Hang zugebaut. Leider kann man wie im richtigen Leben den Kuchen nicht anschauen und zugleich aufessen! Lassen wir es beim Beschauen und Genießen! Vielleicht kommt bald die Zeit, wo wir für eine solch traumhafte Landschaft, fürs Beschauen und Passieren auf dem Jakobsweg eine Mautgebühr entrichten? Warum soll Kulturlandschaft gratis sein?

Schloss Langenburg erhielt, als die Zeit gekommen war, auch einen Park im Englischen Stil, auf seiner Westseite, soweit das die Berglage überhaupt zuließ. Die schöne Blutbuche entstammt dieser Epoche. Der **Waldkletterpark** hingegen ist ein Kind unserer Zeit und ermöglicht ein ganz neues Baumgefühl. In Parcours unterschiedlicher Schwierigkeitsgrade geht es von den Plattformen in den mächtigen Buchenstämmen durch das Geäst. Wer Glück hat, kann außer zaghaften Anfängern auch Könner bewundern, dann nämlich wenn sich junge Feuerwehrleute beim Sonntagsausflug vergnügen. Die Verbindung zum Schlosseingangsbereich übernimmt der **Hainbuchentunnel**, ein Gestaltungselement, das als natürliches Berceau bzw. Laubengang in der barocken Gartenkunst beliebt war und wieder „im Kommen" ist.

Neben vielen anderen Kunst- und Kulturschätzen beherbergt Schloss Langenburg auch eine **Holzbibliothek** oder Xylothek. Sie besteht aus hölzernen Kästchen, die wie Bücher aussehen. Alle sind handgearbeitet, jedes aus anderem Holz, der Buchrücken ist mit der entsprechenden Borke verkleidet. Schlägt man so ein ‚Holzbuch' auf, so sieht man darin die herbarisierten Blätter, Blüten und Früchte auf der linken Seite, alles säuberlich angeordnet. Auf der rechten Seite sind Holzquerschnitte und Holzproben zu sehen, und im Buchrücken, der sich wie eine Schatulle öffnen lässt, eine handgeschriebene Naturgeschichte zu Baum und Holz. So sind auf engstem Raum systematische Kenntnisse und handwerkliches Können vereint. Es gibt nur wenige derartige Holzbibliotheken, die Langenburger ist von Candid Huber, einem erfolgreichen Hersteller solcher Sammelwerke, der damit seinen Lebensunterhalt bestritt. Vor dem Hintergrund der aufkommenden Forstwirtschaft, angesichts der Holznot im 18. Jahrhundert, erfolgte die aufwändige Vermittlung von forstbotanischen Kenntnissen nicht an Lehranstalten, sondern an Fürstenhöfen.

Für die Liebhaber mythenreicher Linden kann das hohenlohische Franken mit ganz besonderen Kostbarkeiten aufwarten, nämlich mit ‚**Geleiteten Linden**', die auch Stufenlinden oder **Tanzlinden** heißen. Die unteren Äste einer solchen Linde wurden in ihrer Jugendzeit zu waagrechtem Wuchs angeleitet und auf einem kranzförmigen von Säulen getragenen Gerüst abgelegt. Lässt man die Linde weiterwachsen, bil-

Im Kletterpark von Langenburg

Hainbuchentunnel

det sie eine Krone und nur eine kleine Laube aus, man kann auch den Haupttrieb aufasten wie bei einem Maibaum. Im allgemeinen ist der Haupttrieb gekappt, was das Wachstum der waagerechten Starkäste förderte, deren Gerüst dann um einen weiteren Säulenkreis erweitert werden konnte. Der Raum unter der Linde war im allgemeinen Versammlungs- und Gerichtsort.

Gerichtslinden sind Symbole der deutschen Rechtsgeschichte. Jahrhunderte lang wurde in Deutschland unter Linden Gericht gehalten, denn im Lindenbaum lebe die Kraft der Weisheit, die gerechte Urteilsfindung bewirke, so die alte Vorstellung. Im Allgemeinen handelte es sich um Schöffengerichte der Niederen Gerichtsbarkeit.

Die eigentlichen Tanzlinden bekamen auf den waagrechten Ästen einen festen Tanzboden und zusätzliches Stützwerk und überdauerten in Oberfranken bis in unsere Tage als Ort der Kirchweihfeste.

Zehn Kilometer von Langenburg entfernt steht oberhalb von Kocherstetten die Tanzlinde bei Schloss Stetten. Ihre waagrecht gezogenen Starkäste geben diesen Wuchs bald auf und wachsen über einer Kappungsstelle aufrecht und bilden eine starke Krone ohne Mittelstamm. Die Linde wurde im Jahr 1648 nach dem Dreißigjährigen Krieg als Friedenslinde gepflanzt. Wer Basilika und Krypta in Unterregenbach besucht oder aus anderem Grund im Jagsttal pausiert, sei auf die Lindenlaube der Kirchenlinde in Unterregenbach aufmerksam gemacht.

Friedenslinde bei Schloss Stetten

Stufenlinde von Oberrot

Kirchenlinde von Unterregenbach mit Laube

Dem Modell der Stufenlinde liegt die uralte Vorstellung von der Dreiheit des Kosmos zugrunde, die im Baum verwirklicht ist. Die Reigentänze auf dem Tanzboden um den Stamm herum hatten etwas mit der magischen Kraft des geschlossenen Kreises zu tun und sind wesensverwandt mit Flurprozessionen, die auch gegen den Uhrzeigersinn liefen und zum Kreis geschlossen wurden.

Die fränkische Tradition der Erziehung von Stufenlinden weiterführend, wächst in der Gemeinde Oberrot im Mainhardter Wald - der Jakobsweg führt nur durch den Teilort „Obermühle" - auf einem reizvollen Dorfplätzchen mit Zwetschgenbäumen eine junge Stufenlinde.

Langenburg – Schwäbisch Hall

Jagsttal, Kochertal und Haller Ebene

Von Langenburg geht es ins Jagsttal hinab. In den aufgelassenen Weinberglagen, aber auch in den Jagsttalorten stehen gerne Quittenbäume und Nussbäume.

Die **Quitte** (Cydonia oblonga) gedeiht zwar im Weinbauklima gut, doch ihre Früchte reifen bei uns nicht voll aus, so dass man sie roh verzehren könnte. Nach der Form ihrer Früchte werden Birn-Quitte und Apfel-Quitte unterschieden. Die birnförmigen Früchte sind die saftigeren, die apfelförmigen die aromatischeren. Die Heimat der Quitte ist irgendwo zwischen Kleinasien und dem Kaukasus. In Karls des Großen Landgüterverordnung wird die Quitte zwar auch genannt, sie spielte im Obstbau aber immer eine untergeordnete Rolle, obgleich die gekochte Frucht als Beilage zu Wild und natürlich als Mus, Gelee oder Schnaps beliebt ist. Der Baum wird meist strauchförmig kultiviert und ereicht dann vier Meter Höhe. Die rosafarbenen Blüten stehen einzeln, sind relativ groß und duften intensiv. Es wurde schon gemutmaßt, bei den goldenen Äpfeln der Hesperiden handle es sich um Quitten. Nun, goldgelb sind sie jedenfalls und im Zimmer ausgelegt verströmen sie einen aromatischen frischen Duft.

Reife Birn-Quitten in Oberregenbach

Quittenblüten

Die **Walnuss** (Juglans nigra) ist in den Hausgärten, an Weinbergrainen und auf Streuobstwiesen ein wichtiger Kulturbaum. Am wichtigsten ist natürlich die Nussernte und der Holzertrag. Der Nussbaum war auch als bäuerlicher Alleebaum gebräuchlich und als Hofbaum beliebt.

Die alten Nussbäume sind meist noch aus Sämlingen gezogen und tragen nur kleine Früchte, auch kommen sie erst nach zehn bis 20 Jahren zum Tragen. Die veredelten Sorten, die heute in Baumschulen angeboten werden, sind großfrüchtig, tragen schon nach vier bis fünf Jahren und bilden nur kleine Kronen.

Das schöne Nussbaumholz lässt sich am besten in einer Sammlung alter Jagdwaffen bewundern. Die Schäfte sind zumeist aus dem schlicht gemaserten dunklen Holz der Walnuss. Als altes Waffenholz wurde es schon für die mittelalterlichen Armbrüste und die Vorderladergewehre gebraucht. Noch in beiden Weltkriegen wurde es zur Herstellung von Gewehrschäften benötigt und Nussbäume wurden zu diesem Zweck forstlich angebaut. Es ist auch ein kostbares Möbelholz von seidigem Glanz und in alten Schlössern lassen sich wunderbare Holzintarsien und Möbelstücke aus Nussbaum finden. Selbstverständlich ist es auch heute noch ein geschätztes Furnierholz, es ist eines unserer wertvollsten Nutzhölzer überhaupt. Nach alter Volksmeinung sollen am Misthaufen stehende Walnussbäume eine besonders intensive Holzmaserung haben und damit einen hohen Kauferlös erzielen.

Nussbaum im Schlossgut Ludwigsruhe

Die Kelter hinter der ummauerten Kirche im freundlichen Bächlingen zeugt vom erloschenen Weinbau. Nach einem steilen Aufstieg am Schatthang durch Buchenwald am Rand der Bächlinger Reiherhalde erreichen wir die Höhe bei Nesselbach.

Parallel zur ‚Hohen Straße', die beiden Nesselbacher Eichen rechts lassend, geht es durch das Ackerland der Hohenloher Ebene. Der Horizont wird versperrt von der Schichtstufe des Keuperberglandes, nämlich den weit vorspringenden Waldenburger Bergen mit dem Sendemast von Waldenburg. Am Orlacher Bach geht es in das mittlere Kochertal nach Braunsbach hinunter, das etwa 200 Meter tief in den Muschelkalk eingeschnitten ist. Bis Geislingen bleibt der Weg im Tal. Den Kocher begleitet eine Galerie aus Weidenbäumen und Gebüschen. Nach der Einmündung des Grimmbachs kommt der berühmte Autobahnviadukt und am Ortsende von Geislingen überqueren wir an einer schönen Sommerlinde die Bühler, den größten Nebenfluss des Kochers. Es geht noch kurz im Talgrund weiter, dann auf steilem Weg durch einen Schluchtwald hoch auf das Plateau der Schlicht, dem nördlichen Teil der Haller Ebene.

Vor Eltershofen lohnt sich beim Friedhof ein Abstecher von nur 50 Metern nach rechts. Dort steht die mächtige **Eiche bei Eltershofen**. Der Baum hat ein geschätztes Alter von 500-600 Jahren. Die ebenmäßige kugelige Krone misst 27 Meter im Durchmesser, der Stammumfang beträgt über sieben Meter. Die unteren Starkäste wachsen auffallend waagrecht und werden mit Pfählen gestützt, wachsen dann aber aufrecht weiter, möglicherweise wurden die Äste einmal in diese Lagen gezwungen.

Eine andere markante Eiche steht auf der anderen Seite des Kochertals. Es ist die **Breiteiche bei Gottwollshausen**, eine Stieleiche. Sie steht frei vor dem Wald, ihr Kronenbereich ist eingehegt, der Ort ist bis heute Festplatz von Vereinen. Der Baum ist breiter als hoch, ein Leitstamm fehlt, und in drei Metern Höhe streben die Starkäste schirmförmig auseinander – sie ist schätzungsweise 400 Jahre alt.

Nesselbacher Eichen

Eltershofer Eiche

Hohenlohe ist reich an Eichen, es sei an Ludwigsruhe und an Nesselbach erinnert. Eine ganz außergewöhnlich schöne Eiche ist die **Lenzeiche bei Sichertshausen.** Sie war eine Zenteiche, die den Gerichtssprengel markierte, ein Überrest alter fränkischer Rechtspflege. Ihre gewölbte Krone ist 30 Meter breit und der Stammumfang beträgt mehr als sechs Meter.

„Keine Frage ist bei alten Bäumen so schwer zu beantworten wie die nach dem **Alter**. Zuverlässige Angaben stehen nur selten zur Verfügung, meist haben sich längst Dichtung und Sage des Baumes bemächtigt." Das stellte Otto Feucht schon vor 100 Jahren fest.

Es wird oft vermutet, an der Baumscheibe eines gefällten Baums durch Auszählen der Jahresringe das absolute **Alter** und die Pflanzzeit bestimmen zu können. Auch den Kernholz ausbildenden Arten gehen im Laufe eines langen Baumlebens die innersten Jahresringe und Holzteile zugrunde und im Alter verzichten Bäume oftmals auf ein Dickenwachstum. Es sind daher nur Schätzungen möglich, dabei darf nicht vergessen werden, dass die Wuchsleistungen je nach Standort recht unterschiedlich ausfallen können. Besser als jede Altersschätzung ist die Suche nach gesicherten Nachweisen in Archiven.

Je älter, desto mehr gilt ein Baum! Das Aussehen ist zwar oft ‚ehrwürdig', doch wird das Alter meist weit überschätzt. Von wenigen legendären Baumveteranen abgesehen, deren Alter mit 600 oder 800 Jahren angegeben wird, was hier auch gar nicht bezweifelt werden soll, sind unsere ältesten Flur- und Hofbäume in der Regel etwa 350 Jahre alt und erst nach den katastrophalen Verheerungen des Dreißigjährigen Krieges groß geworden.

Breiteiche von Gottwollhausen

Lenzeiche von Sichertshausen

Alte Bäume sind gemäß den Naturschutzgesetzen der deutschen Bundesländer als **Naturdenkmale** ausgewiesen und durch Rechtsverordnungen geschützt. Es handelt sich um markante Flurbäume, Galgenlinden, Gerichtseichen und Friedenslinden. Schutzzweck war und blieb bis Mitte der 1980-er Jahre ihre Schönheit und Einmaligkeit sowie ihre kulturelle und landschaftliche Bedeutung, also ihre ideelle Wertigkeit und nicht ihre simple ökologische Bedeutung, wie das etwa seit 1990 der Fall ist.

Viele Bäume bleiben auch ohne Schutzverordnung erhalten. Gut behütet sind Bäume auf Kirchhöfen oder auf privatem Gelände bei einem Liebhaber.

Das übliche Schicksal, das geschützte Bäume erleiden, ist eine Beeinträchtigung oder Beschädigung durch Baumaßnahmen. Da Bäume langsam sterben, stellen sich Schäden wie Wipfeldürre erst nach rund zehn Jahren ein. Jetzt beginnt eine teuere baumchirurgische Sanierung, die das Baumleben selten verlängert, aber das Baumsterben hinauszögert, bis die Verkehrssicherheitspflicht greift, der Baum gefällt und das Naturdenkmal aus der Verordnung gelöscht wird.

Wer **Schwäbisch Hall** erreicht hat, ist noch nicht im Land der Schwaben, sondern steckt noch mitten in Franken. Weil jedoch die Freie Reichsstadt Hall durch die spätmittelalterliche Verwaltungsreform Kaiser Maximilians zum ‚Schwäbischen Kreis' kam, ging diese Benennung auf die Stadt über. Ihre Reichsunmittelbarkeit verlor sie im Jahre 1803 und wurde württembergisch, aber nicht schwäbisch! Seine Karriere begann Hall als Stauferstadt und wurde mit der Salzsiederei reich. Die Altstadt von Hall ist voller Kulturschätze und wie alle alten Stadtkerne arm an Bäumen, doch unweit von St. Michael, ‚Am Spitalbach', stehen zwei ungewöhnliche Schwarznussbäume.

Die **Schwarznuss** (Juglans nigra) ist ein nordamerikanischer Nussbaum und mit dem Wallnussbaum verwandt. Sie wurde Mitte des 17. Jahrhunderts in Europa eingeführt und ist ob ihrer goldgelben Herbstfärbung ein beliebter Parkbaum. Vom Walnussbaum unterscheiden sie Blätter und Früchte. Die etwa 50 cm langen Blätter haben 15-23 langovale, zugespitzte gesägte Fiederblätter, die unregelmäßig gezähnt und unterseits etwas drüsig behaart sind, während die Walnuss nur fünf bis neun ganzrandige, eiförmige Fiederblätter hat. Die Früchte sind gelbgrün und rau, nicht glänzend grün und glatt. Die Nüsse, die Steinkerne, sind stark gefurcht. Man müßte sie regelrecht zertrümmern, um an den Kern zu kommen, was sich aber wegen des süßlich ranzigen Geschmacks nicht lohnt. Besser ist, die dekorativen Nüsse mit Hilfe von Goldbronze zum Nikolaustag in goldene Nüsse zu verwandeln.

Schwäbisch Hall – Oppenweiler

Rosengarten, Mainhardter und Murrhardter Wald

Im Tal des Kochers verlassen wir die Stadt und gelangen in eine schmale Talklamm, so dass man glauben möchte, man wäre im Gebirge. Darüber erheben sich wie ein benediktinisches Bergkloster der Frühzeit die gewaltigen Steinmassen der Comburg.

Elsbeerbaum

Über Tullau erreichen wir nach einem steilen Anstieg wieder das Plateau. Die Hohenloher-Haller Ebene ragt hier als ‚Rosengarten' besonders weit nach Süden in das Keuperbergland hinein. Im Rosengarten wurden übrigens keine Rosen, sondern Rösser gezüchtet.

Der Rastplatz über Tullau bietet eine schöne Aussicht: Im Osten über der Comburg der Einkorn und die Kette der Limpurger Berge, im Süden der Mainhardter Wald und im Westen die Waldenburger Berge. Unter uns verläuft durch das Waldband markiert die tiefe Talspalte des Kochers.

Der Rastplatz bietet darüber hinaus eine gelungene Baumanpflanzung! Weder Säulcheneichen noch Kugelbäumchen vergraulen den Pilger: Ein Feldahorn und ein Elsbeerbaum beschirmen ihn hier. Beides sind Bäume der Waldränder und der lichten Wälder an den sonnenseitigen Muschelkalkhängen im Kochertal. Da unser Weg keinen derartigen Wald passiert hat, sei hier die Gelegenheit wahrgenommen, den Elsbeerbaum vorzustellen.

Die **Elsbeere** (Sorbus torminalis) ist ein seltener und wenig beachteter Waldbaum. Den Stamm verwechselt man im Bestand zu leicht mit der Eiche. Unverwechselbar ist das Laub der Elsbeere. Es ist ahornartig gelappt, allerdings von eiförmiger Gestalt und mit sieben bis neun Lappen, wovon die beiden unteren waagrecht abstehen. Das Herbstlaub leuchtet zinnoberrot.

Der Elsbeerbaum gehört wie der Vogelbeerbaum, der Speierling und der Mehlbeerbaum zu den Sorbus-Arten und blüht wie diese in weißen, doldenartigen Blütenständen. Auch er zählt zum Wildobst, wurde aber nicht kultiviert und ist ein Waldbaum geblieben. Die Früchte sind nicht rot, sondern lederfarben braun mit weißen Pusteln, sie riechen aromatisch nach reifem Obst und hatten früher eine medizinische Verwendung bei Darmerkrankungen.

Die Elsbeere - früher poetisch „die schöne Else" genannt - wächst in sommerwarmen Lagen, bevorzugt im Eichen-Hainbuchenwald, aber auch in Feldgehölzen. Als Flurbaum ist sie eine Seltenheit.

Am Ortsrand von Uttenhofen vorbei gelangen wir nach **Rieden** mit besuchenswerter spätgotischer Marienkirche. Gerade im hällischen Gebiet haben viele evangelische Kirchen reiche gotische Innenausstattungen mit Heiligenskulpturen und Marienaltären. Die Haller stuften sie in der Reformationszeit als „unärgerlich" ein und haben sich auch später noch an ihren „Bildern" erfreut.

In der benachbarten Ortschaft **Bibersfeld** beherbergt der Hofraum eines ehemaligen Gasthofs eine stattliche Stieleiche. Solche im Freistand aufgewachsenen, früh aufgeasteten Bäume bedeuteten immer auch eine Wertanlage für einen Hof. In der Not der Inflationszeit sollte für diese schöne Eiche die letzte Stunde geschlagen haben, doch das Kaufgebot des Holzaufkäufers fiel dann doch zu gering aus, so dass sie stehen blieb. Inzwischen hat sie eine Attacke des Eichenprozessionsspinners und - noch schlimmer - die Dorfkanalisation überstanden und ist heute als Naturdenkmal ausgewiesen.

Hinter Rieden geht es schnurstracks auf die bewaldete Höhenstufe des Mainhardter Waldes zu. An aussichtsreicher Stelle beim Rasenberg steht eine geschützte Eichengruppe, davor eine einzelne und unweit davon eine weitere, die **Stieleiche** in den Reutäckern, frei auf dem Feld, eigentlich ein bescheidener Baum und dennoch für die Landschaft bedeutungsvoll.

Von den Walnussbäumen, die im hohenlohisch - hällischen Gebiet verbreitet sind, war zwar schon die Rede, nicht jedoch von den Nüssen:

> **Baumnüsse** - wie die Walnüsse auch heißen - stecken voller Symbolik! So sollen die goldenen Nüsse am festlichen Weihnachtsbaum uns kund tun, dass die Dinge dieser Welt zwei Seiten haben, außen die golden glänzende und innen die dunkle, so dunkel wie das Leben. Baumnüsse sind das Sinnbild für Gottes unerforschlichen Ratschluss.
>
> Auch das Nüsseknacken selbst ist voller Symbolgehalt, denn „Gott gibt die Nüsse, doch er knackt sie nicht" und manche Dinge „sind im Leben so verpackt, dass man sie nicht wie Nüsse knackt." Und hat man es geschafft, muss man feststellen, das in manchen Nüssen gar nichts drin ist, sie sind ‚taub'. Da verwundert es nicht, dass die „taube Nuss" zu einem Schimpfwort wurde.
>
> Seit alters her sind Nüsse ein Zeichen der Fruchtbarkeit, weshalb sie immer wieder im Hochzeitsbrauchtum erscheinen. So ließ man in manchen Gegenden der Braut am Vorabend der Hochzeit einen Korb mit Baumnüssen in die Schlafkammer poltern, woraus dann der Polterabend entstanden sein soll. Nüsse sind auch für die ‚Sinneslust' zuständig, wobei dieser Aspekt von der älteren Symbolträgerin, der Haselnuss, übertragen worden ist.
>
> Botanisch ist die kugelige, grüne Frucht eine Fallfrucht, wobei das elastische Gewebe der sich regellos lösenden Schalen den Nusskern beim Aufprallen schützt. Die Nussschale ist holzig und enthält den Nusskern. Genau besehen ist die Walnuss überhaupt keine Nuss. Es handelt sich um eine einsamige Steinfrucht, entsprechend den Fruchtverhältnissen bei der Kirsche, mit dem Unterschied, dass wir nicht das Fruchtfleisch essen, sondern den Samenkern!
>
> Die ölhaltigen Walnusskerne sind wohlschmeckend und schon seit alter Zeit werden ihnen günstige Effekte auf die Gesundheit nachgesagt, so dass sie als

Medizin eingenommen wurden. Heutzutage werden sie wegen ihrer Cholesterin senkenden Wirkung gepriesen. Walnüsse essen wir in Müsliriegeln, im Studentenfutter, in der Eiscreme, in Kuchen und Nusstorten. Nussöl ist ein sehr feines Speiseöl und ist auch in manchem Körper-Sonnenöl drin.

Die Nussernte ist etwas Schönes wie jede Ernte. Nach dem Aufsammeln der Nüsse, das sich der Reife entsprechend über viele Tage hinzieht, werden die Nüsse im Wasser kräftig gebürstet und von den hellen gespinstartigen Schalenresten befreit, damit sie später nicht schimmeln, dann werden sie auf der Darre getrocknet. Ein guter Nussbaum bringt rund 50 Kilo Nüsse. Auch ‚grün' lassen sich Nüsse verwerten, wenn man sie vor Johanni, am 24. Juni, pflückt - dann sind sie noch weich und lassen sich zerschneiden. Sie liefern den magenstärkenden grünen Nusslikör. Und weil die Johannisnacht zu den zauberkräftigsten Nächten im Jahreslauf gehört, sollen Nüsse, die an Johanni geerntet werden, Gewähr für einen besonders heilkräftigen grünen Nusslikör sein.

Die Landschaft ändert sich jetzt abrupt: Seit Rothenburg befinden wir uns auf der Muschelkalk – Lettenkeuper – Ebene und kommen jetzt in das Keuperbergland des **Mainhardter Waldes**, einer markanten Stufe oder Landschaftstreppe im Süddeutschen Schichtstufenland, weshalb es nicht in den Wald hinein, sondern hinauf geht! Der Anstieg geht durch weichere Keuperschichten auf die Verebnung des Stubensandsteins, dem Hauptgestein des Keuperwaldlandes. An den Wegaufschlüssen liegt das sandige Erdreich offen, auf dem der Nadelwald hier stockt. Es sind nicht nur Fichten, auch schöne Tannen sind lokal gehäuft darunter. Der Sellbach, ein typischer Waldbach, der reichlich ausgewaschenen Sand mitführt, bringt uns nach Obermühle ins breite Wiesental der Rot oder Roth. Die Obermühle war eine Sägmühle wie auch die nächste, die Ebersberger Sägmühle. Beide und viele andere dokumentieren die einstige Waldwirtschaft, zu der auch Kohlenmeiler, Glashütten und das holzverarbeitende Kleingewerbe gehörten.

Ackerland gab es im Mainhardter Wald auch, heute durch Grünland abgelöst, nicht in den feuchten Talauen, sondern auf einigen waldfreien Hochlagen, die als Inseln mit ein paar Häusern über dem dunklen Fichtenwald auftauchen. Der

Markante Eiche bei Rieden

Wald stockt auf den Stubensandsteinböden, die grasigen buckligen Hänge nimmt der lehmige oder mergelige Knollenmergel ein, und die ebenen Höhen haben eine Auflage aus Unterjuragestein, dessen Böden Ackerbau ermöglichten.

Die Keuperbergländer sind so genanntes Jungsiedelland. Sie wurden erst nach Rodungen im 9. Jahrhundert und noch später besiedelt, während die fruchtbaren Gäue, also auch die Hohenloher - Haller Ebene seit der alemannischen Landnahme so genanntes Altsiedelland sind.

Den Kamm des Berglands überschreiten wir beim Steinbühl und kommen nach Wolfenbrück. Landschaftsprägende Großbäume hat die Waldregion nicht, hier dominiert der Wald. Bestimmend sind im Grünland einzelne Obstbaumreihen und bei den älteren Häusern schöne Mostbirnbäume. Einen ganz ungewöhnlichen Baum auf dem Hof, nämlich einen Schwarznussbaum, hat der **Waspenhof** bei Mainhardt - leider weit ab vom Jakobsweg. Der Baum kam als unbekannter Sämling im Jahr 1912 auf den Hof. Er war zwischen Fichtensämlinge geraten, die zwecks Aufforstung aus der Baumschule bezogen worden waren, und erhielt ein Plätzchen hinter dem Backhaus. Man muss dazu wissen, dass es damals im Staatsforst nicht unüblich war, im Wald Walnuss- und Schwarznussbäume ihres Holzes wegen anzupflanzen. Der unbekannte Fremdling gedieh prächtig, verwandelte das Backhaus allmählich in ein schiefes Hexenhaus, hat die angestammte Hoflinde an Umfang längst überflügelt, ist zur Zierde des Anwesens geworden und zum Stolz seiner Eigentümer!

Hier im Wald grenzten einst das fränkische und alemannische Siedlungsland aneinander. Die alte Sprachgrenze zwischen dem Fränkischen und Schwäbischen ist schon lange verwaschen und zu Gunsten des Schwäbischen verschoben worden.

Murrhardt ist eine frühe fränkische Gründung, ein bedeutender Grenzort des Bistums Würzburg mit karolingischer Klostergründung. Die romanischen Kunstschätze wird sich kein Pilger entgehen lassen wollen, bevor er wieder in den Wald geht, diesmal in den **Murrhardter Wald,** wie das Keuperwaldgebiet südlich der Murr heißt.

Die **Waldkiefer** (Pinus sylvestris) trägt im Alter eine kugelige, lichte Krone auf einem astlosen Schaft mit schuppiger, rotbrauner Borke. Im oberdeutschen Sprachraum heißt sie auch Forche, Forle oder Föhre, abgeleitet vom althochdeutschen ‚foraha', was Feuerbaum bedeutet, denn ihr Holz ist leicht brennbar. Der Name ‚Kiefer' hat ähnliche Bedeutung, der Wortstamm taucht im ‚Kienspan' auf. ‚Pinus' ist der römische Pflanzenname und scheint in ‚Pinie' auf.

Die Kiefer ist ein lichtbedürftiger Baum extremer Standorte. Sie gedeiht auch noch dort, wo andere Bäume nicht mehr vorkommen, nämlich auf Sandböden oder Kalkfelsen und dazu noch in Gegenden mit geringen Niederschlägen. Da nimmt es nicht Wunder, dass man degradierte trockene Böden mit Kiefern und die feuchteren mit Fichten aufgeforstet hat. Heute erscheinen sie uns als wind- und wettergegerbte Charakterbäume, die den schlimmsten Stürmen trotzen. Im Vorfrühling kann man bei Sonne die Kiefernzapfen knistern hören, dann lösen sich die geflügelten Samen aus den Schuppen und schweben davon.

Bergkiefer auf Sturmwurffläche

Durch Nadelwälder geht es zum Albvereins-Wanderheim Eschelhof, einem typischen Rodungsweiler, der Anfang des 19. Jahrhunderts aufgelassen und zu einem Forsthaus mit Baumschule wurde. Der Abstieg ins Tal der Murr führt durch einen Hainbuchengang, einen alten Hohlweg, nach Oppenweiler.

Bergkiefer auf einer Magerwiese (Schwäbische Alb)

Oppenweiler – Esslingen

Backnanger Bucht mit Remstal und Schurwald

Bei Oppenweiler endet das bergige Waldland und wir kommen wieder in den Naturraum der ebenen Gäulandschaften, hier in das Neckarbecken mit der ostwärts ausgreifenden Backnanger Bucht. Kulturgeographisch gehörte die ganze Gegend zum ‚Altwürttembergischen Unterland'. Es geht durch reiche Wohn- und Industriedörfer, Vorboten der Städte Backnang, Winnenden und Ludwigsburg. Das Restland der Streuobstwiesen ist Naherholungsraum mit der Funktion eines siedlungsverbindenden Stadtparks, was Spaziergänger, die ihre Hunde Gassi führen, eindrücklich aufzeigen. Im Rahmen von Ausgleichsmaßnahmen ist die verbliebene Landschaft gärtnerisch überformt und hat ein paar nette Biotope neben einigen alten Birnbäumen.

> Das ‚Stuttgarter Gaishirtle' ist eine typisch schwäbische Birnensorte, in Bayern kennt man sie unter der Bezeichnung ‚Zuckerbirne'. Sie wird als Halbhochstamm kultiviert. Die ersten Birnen reifen schon Anfang August, sie sind süß und leicht moussierend. Man ließ sie früher nicht auf dem Baum reif werden, man hat sie zum Brennen und als Einmach- und Dörrfrucht verwendet. Bei Kleinbrennern ist die Sorte bis heute beliebt, sie gibt einen schönen Birnenschnaps.

Es geht immer nach Süden direkt auf den Bergsporn von **Bürg** mit seinem markanten mittelalterlichen Bergfried zu, einen Ausläufer des Welzheimer Waldes, dessen westlicher Bezirk „In den Berglen" heißt. Von Bürg geht es hinab nach **Winnenden**.

Typischer Keuperstufenrand am Korber Kopf

Herbstfärbung im Weinberg

Weil der Jakobsweg nun stundenlang einen riesigen Bogen um das Neckarbecken und seine Megastadt Stuttgart schlagen wird, die Randorte aber ständig tangiert und zudem im Auf und Ab über die Stuttgarter Randhöhen führt, ist es eine Überlegung wert, mit der S-Bahn den Stuttgarter Talkessel bis Echterdingen zu durchqueren, um auf der alten „Schweizer Straße" und anderen Wanderwegen durch den Naturpark Schönbuch über den Einsiedel oder direkt nach Bebenhausen zu marschieren. Zu bedenken gilt, dass von Esslingen bis Pliezhausen der Jakobsweg ebenfalls am Siedlungsrand der Filder- und Neckarorte verläuft. Aufmerksam gemacht sei aber auch, dass es die Möglichkeit, die Bahn zu nehmen, unterwegs noch zweimal gibt: In Weinstadt-Endersbach und in Esslingen tangiert der Jakobsweg die S-Bahnhöfe.

Wer auf dem Jakobsweg bleibt, geht von Winnenden in Richtung Buocher Höhe zum Hanweiler Sattel, wo man einen umfassenden Blick auf die Waiblinger Bucht und das Untere Remstal hat.

Hier haben die Siedlungen die Landschaft aufgefressen und einer „Mondlandschaft" Platz gemacht. Natürlich gibt es da unten noch Bäume und anderes Grün, und aus den neuen Urbanisationen und den verstädterten Dörfern sind selbstverständlich Bäume nicht wegzudenken. Das fängt mit den Straßennamen an: Vom Lorbeerweg bis zur Lindenstraße ist alles vertreten, was unter Gehölzen Rang und Namen hat. Und am „Lindenplatz" steht ein schöner Baum, ein teurer Solitär, es ist eine Platane. Das macht nichts. Das Gasthaus „Zum Grünen Baum" im historischen Ortskern hat schon lange keinen Baum mehr.

Im Straßengrün der neuen Stadtteile dominieren die autogerechten ‚Fastigiata'-Formen, die obeliskenförmigen Eichen und die hinkelsteinähnlichen Hainbuchen. Es ist unserer Biotechnik nämlich endlich gelungen, Gehölze zu züchten, so wie sie sein sollen: verkehrssicher, pflegeleicht und putzig anzuschauen! Ob es noch Bäume sind, bleibt indes ungewiss. Unsere schnelle Zeit hat auch eine Pappel mit beschleunigtem Wachstum hervorgebracht, die ‚Turbo-Pappel', bestens eignet für suburbane Eingrünungen, um damit die Architektur vor sich selbst zu schützen. Selbstverständlich gibt es auch in den Vorgärten dieser Urbanisationen jede Menge Bäume. Am häufigsten sind die Gnomenfichten und die Krüppelkoniferen, doch auch die Korkenzieherhaseln und Zwerghängeweiden sind beliebte Ziergewächse um Haus und Garage, nicht zu vergessen die Blautannen in der aparten gelbnadeligen Varietät.

Die spornartig vorspringenden, rundlichen Keuperberge heißen hierzulande ‚Köpfe', rechts ist es der **Korber Kopf** und links der **Hörnleskopf**, auf der Sonnenseite tragen sie Rebland und oben eine schiefe Kappe aus Wald, so als ob diese nordwärts abgerutscht wäre. Die Namen dieser Köpfe sind als beste Weinlagen bekannt.

Der klassische Wein ist der Trollinger. Der Korber Kopf zeigt das charakteristische Schichtstufenprofil der Keuperrandberge: Die weichen Mergel bilden die Hänge, die harten Sandsteine die Stufenflächen.

Am Hörnleskopf geht es durch den Buchenwald hinüber zum Kleinheppacher Kopf. Er öffnet den Blick direkt auf das zugebaute Remstal, das kein Tal ist, sondern auch eine Bucht, eine trichterförmige, gesäumt von den „Remstalköpfen" und den Remstalweinorten. Dahinter erheben sich die bewaldeten Schurwaldhänge und fern am Horizont die „blaue Mauer" der Schwäbischen Alb.

Die Weinorte im **Remstal** haben vom Wein gelebt, der Export ging von Schorndorf über die Alb nach Ulm, wo es eigens einen Weinmarkt gab, und weiter per Schiff nach Bayern und ins Habsburgerreich.

Die Weinbauern waren seit dem Spätmittelalter in Urbanszünften organisiert. Der heilige Urban hatte eigentlich keine Beziehung zum Weinbau, er wurde zum Patron der Weingärtner und des Weinbaus, weil sein Gedächtnistag, der 25. Mai, mitten in die Blütezeit der Reben fällt. Und weil nasskalte und frostige Witterung während der Blüte den Fruchtansatz schmälern und Missertrag bedeuten, wurden am Urbanstag Bittgänge durch die Weinberge gemacht, auf dass der Weinheilige für gutes Wetter sorge. In den evangelisch gewordenen Weinbaudörfern hat man auf einen so wichtigen Tag natürlich nicht verzichtet und am Urbansfest festgehalten. Der Heilige wurde „profaniert" und seine Gestalt mutierte zum bäuerlichen „Urbänle". Einige der puppengroßen Holzfiguren aus dem 18. und 19. Jahrhundert sind in den Heimatmuseen erhalten. Manchmal sind sie mit Münzen und Wappenschildchen behängt, mitunter mit Butten ausgestattet. Dann heißen sie auch „Buttenmännle", wobei die Butten abnehmbar und als Trinkgefäße gestaltet sind.

In Schorndorf hat sich eine Urbanszunft erhalten, sie begeht das Urbansfest und hat selbstverständlich ein „Urbänle". Und zum Festgottesdienst kommt der altbekannte Predigttext über den Weinstock und die Reben zu Ehren, dass nämlich nur Reben, die am Stock bleiben, Frucht bringen, die abgeschnittenen aber verdorren, und dass ein jeder, der es zu etwas bringen wolle, die Verbindung zum Stock tunlichst halten solle, „denn ohne mich könnt ihr nichts vollbringen" (Joh. 15,5).

Blick ins Remstal

Kirchenlinden von Strümpfelbach

Weinreben am Fachwerkhaus

In **Strümpfelbach** und in **Stetten** wird der so genannte „Jakobswegwein", ein Weißweincuvée, offeriert, ein ‚leichter frischer Wanderwein', den man jedoch besser als Nachttrunk nimmt. Besenwirtschaften sind Schankstätten, wo selbst erzeugter Wein zu bestimmten Jahreszeiten ausgeschenkt wird, wozu auch ein deftiges Vesper gehört.

Strümpfelbach mit seinen Fachwerkhäusern lässt den einstigen Charme eines eng bebauten Weinortes erahnen. Am Talhang des gleichnamigen Bachs geht es am Nordwesthang durch ein buntes Mosaik unterschiedlichster Nutzungen bergauf. Der Weinbau, der hier schon im 19. Jahrhundert vom Obstbau abgelöst wurde, hat ein paar mit Farnen bewachsene Mäuerchen und einige Kopfweidenbüsche hinterlassen. Kopfweiden brauchte man im Weinberg zur Gewinnung von Bindematerial für die Reben. Prägnanter sind die Spuren der Kirschbaumkultur, nämlich lange Reihen von Kirschbäumen, die zur Blütezeit noch immer ihren Zauber entfalten. Stark ausgeprägt sind die Zeichen der Freizeit- und Gartenbewirtschaftung: Die Wiese ist dem Rasen gewichen, die Geschirrhütte der Gartenlaube und der Kirschbaum dem Thuja.

Kopfweiden

Der Kirschbaum oder die Süßkirsche (Prunus avium) stammt von der Wildkirsche ab oder ist mit den Römern über die Alpen gekommen, jedenfalls gehören Süßkirsche und Wildkirsche botanisch zur selben Art.

Die Kirsche kommt wie Pflaume, Aprikose, Quitte, Mispel und Maulbeere aus den Bergländern am Schwarzen Meer. Nach Rom soll der Kirschbaum (kerasion/cerasus) vom römischen Feldherrn und sprichwörtlich gewordenen Feinschmecker Lukullus gebracht worden sein, der die Kirschfrucht (keresea/ceresia) ganz besonders geschätzt hat. Bei den alten Deutschen hießen die Kirschen ‚krisa' und in manchen Regionen Schwabens heißen sie noch heute ‚Kriesen' oder ‚Chrieschen'. Im Mittelalter wurde der Kirschbaum erneut aus dem Vorderen Orient eingeführt und erlebte seine größte Sortenvielfalt wie andere Obstsorten im 19. Jahrhundert.

Mit der Kirschbaumblüte beginnt der Frühling. Die Kirschblüten sind rein weiß, nicht cremig weiß wie bei Apfel oder Birne und heben sich kontrastreich von der schwarzen Kirschbaumrinde ab. Weiß ist die Farbe des Lichtes, der Freude und der Hoffnung. Es ist die vollkommenste Farbe. Im Religiösen symbolisiert Weiß die Reinheit, die Unschuld und die Auferstehung.

Erst mit dem Verblühen treibt das Laub. Die jungen grünen Früchte verlieren den Blütenbecher und reifen zu den roten Kirschen heran. Das klassische Dreigestirn „weiß wie Schnee, rot wie Blut und schwarz wie Ebenholz", das wir aus dem Märchen von Schneewittchen kennen, bedient der Kirschbaum damit in vollkommenster Weise.

Die Kirschfrucht ist übrigens eine Steinfrucht und die Kirsche zählt wie Pflaume, Mirabelle, Pfirsich und Aprikose zum Steinobst. Die Verwendung in der Küche ist vielfältig: Ein ‚Krischenmichel' ist ein Grießauflauf mit Kirschen, den es an ‚Kirschenpeter' gab, wie der Tag „Peter und Paul" im evangelischen Kalender geheißen hat.

Kirschwasser wird vorzugsweise aus kleinen schwarzen Schnapskirschen gebrannt. Es ist ein wahres ‚aqua vitae' und stärkt das allgemeine Wohlbefinden.

| Kirschblüte | Kirschen |

Bis heute ist es Brauch, am Barbaratag, dem 4. Dezember, Kirschzweige zu schneiden und sie geschmückt als **Barbarazweige** ins Wasser zu stellen. Es heißt, die heilige Barbara, einstmals Patronin des Bergbaus und der Artillerie, sprenge

Kirschblüte im Remstal

die winterlichen Knospen und bringe sie zum Blühen. Für die frisch geschnittenen Zweige ist es gut, sie einige Stunden in lauwarmem Wasser zu baden, bevor man sie an einem warmen Ort aufstellt. Wenn die Barbarazweige zum Christtag erblühen, ist das ein gutes Omen für das kommende Jahr, und es bringt Glück und Segen für Haus und Hof und alles was darinnen ist.

Im Talschluss des Strümpfelbachs beginnt der Hangwald. An wasserführenden kerbförmigen Einschnitten, den Keuperklingen, wird die Höhe des **Schurwaldes** erreicht mit Ausblicken auf die Schwäbische Alb und das Vorland der Mittleren Alb. Wie schon im Mainhardter Wald, nur prägnanter, tritt hier das Phänomen auf, dass die Berghöhen waldfrei sind. Sie tragen über den Keuperschichten eine Unterjuraauflage, die zu ackerbautauglichen Böden verwittert ist. Der Unterjura oder Schwarzjura ist kein Stufenbildner und mit dem Keuper eng verzahnt, so dass vom Keuper-Lias-Land gesprochen wird, in dem der Jakobsweg nun abwechslungsreich bis zum Albtrauf bei Balingen verlaufen wird. Zunächst geht es zur Talkante des Neckars und vorbei an Kleingärten, Agrotechnikanlagen, Fabrikhallen, Verkehrsanlagen und Eigenheimen ins Neckartal hinunter nach **Esslingen**.

Esslingen – Tübingen

Auf den Fildern und im Schönbuch

Aus dem Neckartal führt der Weg über etwas Offenland der Filderebene durch **Denkendorf** hinunter zum ehemaligen Kloster, das mit der flachen Chorwand und den mächtigen Stützmauern der Unterkirche wie eine Burg erscheint.

Ein erlengesäumter Bach geleitet aus dem Ort unter der Autobahn hindurch zum ‚Lindle', einem alten Lindenplatz mit zwei großen Winterlinden. Von hier, am östlichen Rand der Fildern, hat man einen weiten Blick auf diese Ebene. Dann kommt das Sulzbachtal mit dem Autobahnviadukt und der Wald. Auf der Höhe bei den Lindenhöfen überrascht die Aussicht auf die Schwäbische Alb mit den vorgelagerten Kaiserbergen im Osten.

Nach dem Waldstück mit dem Waldhäuser Schloss, den Resten einer römischen Villa, folgt die Oberensinger Höhe, die wieder den Blick auf die Alb öffnet mit der Burg Teck (Türmchen), der Bassgeige (bewaldet und bassgeigenförmig) und dem Hohenneuffen (Festungsbastionen).

Winterlinde am ‚Lindle' bei Denkendorf

Die Lindenhöfe machen ihrem Namen alle Ehre

Der Pfad von **Hardt** ins Aichtal ist bei Nässe rutschig, am Hang verstreut liegen große Steinblöcke aus Rhätsandstein, die auf dem roten, weichen Knollenmergel abgerutscht sind. Besonders stattliche Felsblöcke bilden den Ulrichstein. Nach Querung der Aich geht es durch schönen Eichen-Hainbuchenwald auf die Hochfläche des Galgenbergs, der eigentlich ein versprengter Anhang der Filderebene ist. Die Aussicht ist noch umfassender als von den Lindenhöfen und der Oberensinger Höhe und reicht vom Hohenstaufen bis zum Hohenzollern!

Blick vom Galgenberg zur Burg Neuffen

Den Heerweg begleitet alsbald eine wunderschöne **Wildhecke**, angelegt und betreut von der Ortsgruppe Nürtingen des Schwäbischen Albvereins. Ihr Schmuck sind die vielen heimischen Wildrosen, die nicht leicht voneinander zu unterscheiden sind, hier jedoch ein Etikett tragen! Das Ende der Hecke krönt ein Speierlingsbaum.

Speierlingsblüte

Der **Speierling** oder Sperberbaum (Sorbus domestica) ist der seltenste der vier süddeutschen Sorbus - Arten. In der Blüte stehend, ist er ein sehr dekorativer Baum. Die cremeweißen Doldenrispen haben weniger, aber größere Einzelblüten als der Vogelbeerbaum, mit dem er verwechselt werden kann. Die Fiederblätter seiner unpaarig gefiederten Blätter sind jedoch nur im oberen Drittel gesägt, während sie beim Vogelbeerbaum rundum gesägt sind, wovon man sich hier oben am Heerweg leicht überzeugen kann, denn auch ein solcher ist hier angepflanzt und mehrere Elsbeerbäume.

Der Speierling ist ein sehr seltener Waldbaum der lichten Eichen-Hainbuchenwälder in Main- und Tauberfranken. Forstlich ist er geschätzt wegen des teuren Wertholzes, im Bestand bildet er hohe Schäfte, die wie Birnbäume aussehen. Neben diesem Waldspeierling gibt es den Feldspeierling, der breitkronig in den Streuobstwiesen steht und wegen des Fruchtertrags im Weinbauklima des württembergischen Unterlands kultiviert wurde, aber sehr selten geworden ist.

Die Früchte, die Sperbeln, sehen aus wie kleine Birnchen: gelb, gesprengelt, rotbackig auf der Sonnenseite, etwa drei Zentimeter lang, bei Vollreife und nach einer Frostnacht essbar, von säuerlichem Geschmack, aber süß, schnell teigig werdend.

Die noch unreifen Sperbeln wurden ob ihres hohen Gerbstoffgehalts zur Geschmacksverbesserung, Haltbarmachung und „Klärung" des Birnenmosts diesem zugesetzt. Ausgereift hat man sie zum Dörren und, weil zuckerreich, zum Brennen von Speierlingsschnaps genutzt. Arzneilich hat man die Sperbeln wie Elsbeeren gebraucht. Speierlinge können 500 Jahre alt werden!

Der Heerweg führt als alter Höhenweg an der Talkante entlang und hält direkt auf eine wohlproportionierte Linde zu. Es ist die **Lutherlinde** von Neckartailfingen, eine typische Gedenklinde, die zur 400. Wiederkehr von Luthers Geburtstag am 10.11.1883 gepflanzt wurde und als Naturdenkmal ausgewiesen ist.

Lutherlinde von Neckartailfingen

Gedenkbäume werden im Allgemeinen zum Jahrtag des Geburts- oder Todestages berühmter Persönlichkeiten gepflanzt, Lutherlinden machen da manchmal eine Ausnahme, denn sie wurden auch zum Gedenken der Reformation, am 31. Oktober, gepflanzt. Noch häufiger als die Lutherlinden sind in Altwürttemberg die Schillerlinden. Sowohl dem Dichterfürsten als auch dem Reformator sind mitunter Eichen zugeordnet, doch die Linden überwiegen deutlich.

Nach Kriegen wurden gerne Friedenslinden gepflanzt. Die meisten stammen aus dem Jahr 1871 - gepflanzt zur Beendigung des Deutsch-Französischen Krieges. Andere Baumarten kamen nicht in Betracht, das Baumsymbol für den Frieden ist die Linde.

Übrigens sind nur etwa ein Viertel aller Gedenkbäume berühmten Frauen gewidmet – auch das sind immer Linden.

Schlaitdorf, Altenriet, Dörnach, Pliezhausen und Rübgarten liegen über dem Neckartal und am Rand des Schönbuchs inmitten einer prosperierenden hochentwickelten Region, in urbaner Landschaft, die den Gegensatz von Stadt und Land überwunden hat.

Der Einsiedel ist eine Domäne, eine Insel des Ackerbaus und der Lindenalleen. Ein durchgewachsener Hag aus Hainbuchen geleitet zum Tor.

Weißdornbusch im Einsiedel

Der **Weißdornbusch** im Hof des Schlösschens auf dem Einsiedel ist eine wahre Baumlegende! Die Überlieferung will, dass er durch Stockausschlag in dritter Generation ein Abkömmling des „Großen Hagendorns" ist, den Graf Eberhard im Bart als Reis von seiner Wallfahrt ins Heilige Land im Jahre 1468 mitgebracht und eigenhändig in die Erde gesteckt habe.

Die älteste Beschreibung des Weißdorns vom Ende des 16. Jahrhunderts nennt einen stattlichen Baum, zeitgenössische Abbildungen belegen das. Die Verbindung zur Heiliglandfahrt ist wahrscheinlich eine fromme Zutat späterer Zeiten, genauso wie des Grafen legendärer Bart und das „Attempto" mit der Palme. Der Einsiedel war zweifelsohne eine wichtige Stätte für den Grafen, und für den frommen Regenten war der Hagdorn nicht irgendeine Dornbuschart, denn gemäß der christlichen Überlieferung lieferte gerade sie das Material für die Dornenkrone Christi.

Im Jahr 1630 wurde der „Dornstrauch im Schönbuch" vom Prälaten von Bebenhausen vermessen: Er war „ausgesbraitten", also wie eine geleitete Linde mit waagrechten Ästen erzogen worden. Das Baumdach hatte einen Umfang von über 40 Metern! Gestützt wurde es von insgesamt 40 Säulen in drei Kreisen, den äußeren Kranz von 16 steinernen Säulen trug ein waagrechtes Gesims, auf dem die Äste ruhten, den mittleren Säulenumgang bildeten 16 eicherne Säulen und den innersten acht Stück. Der Stammumfang betrug 2,50 Meter. Der

Weißdornblüte

Grundrissplan der Infotafel zeigt deutlich das regelmäßige Achteck des Laubenbaums, auch ist auf der historischen Abbildung unschwer der Säulenkranz auszumachen. Im Jahr 1743 ist der Baum abgegangen. Falls er aus der Zeit Eberhards stammte, vielleicht aus der Zeit des Schloßbaus von 1482, wäre er rund 260 Jahre alt geworden, für einen Weißdorn nicht außergewöhnlich. Bemerkenswerter als seine Herkunft und sein Alter ist die ungewöhnliche Baumart und seine Erziehung als ‚ausgespreiteter' Baum, „dergleichen sonst in diesen und andern fremden Landen nicht gesehen wird". Der nachfolgende Weißdorn, der aus dem Stock ausgetrieben haben soll und sein Ende 1936 in einem Schneesturm fand, hat noch lange die Aufmerksamkeit der Altwürttemberger gehabt, die im Erinnern an den „Hagdorn" einen der verdienstvollsten Regenten Württembergs ehrten.

Den **Weißdorn** gibt es in Süddeutschland in mehreren Arten und Sippen, die sich recht ähnlich sind, beim Bäumchen auf dem Einsiedel handelt es sich um den Zweigriffligen Weißdorn (Crataegus laevigata). Im strahlenden Blütenkleid, wenn das Laub im Weiß verschwindet, wirkt ein Weißdornstrauch bezaubernd, trotz des unangenehmen Geruchs. Leuchtend rot sind im Herbst die tönnchenförmigen Früchte. Sie heißen „Heckenbeeren" oder „Mehlbeeren", denn in Notzeiten hat man sie vermahlen und das Mehl damit „gestreckt". Der Weißdorn ist der Heckendorn oder Hagdorn, er ist es, der eine Hecke undurchdringlich macht. Mit ihm aufnehmen kann es nur noch der Schwarzdorn oder Schlehdorn.

Dornwerk wehrt nach alter Glaubensvorstellung Dämonen und alles Böse ab, andererseits sind die guten Mächte gegen Dornen gefeit. Somit kann ein Dornbusch beispielsweise der Jungfrau Maria keinen Schaden zufügen. Andachtsbilder zeigen Maria ja gern unter einem dornigen Gesträuch und im Weihnachtslied heißt es: „Maria durch ein Dornwald ging". Bekannter sind Darstellungen Mariens im Rosenhag, wobei das nicht immer oder nicht nur Rosensträucher sind, sondern Paeonien, also dornenlose Pfingstrosen, und schließlich ist Maria selbst die „Rose sonder Dorn".

Umgangssprachlich haben Rosen - ob Edelrose oder Heckenrose – Dornen, darum heißt die Königstochter im Märchen ja auch ‚Dornröschen'. Für den Botaniker hat eine Rose selbstverständlich niemals Dornen. Sie hat Stacheln. Dornen sind holzig und ein Teil des Sprosses, sie lassen sich nicht abknicken. Stacheln hingegen sind oberflächliche Gebilde, die sich leicht abtrennen lassen.

Der **Schönbuch** ist das große Waldgebiet zwischen Stuttgart und Tübingen und der älteste Naturpark in Baden-Württemberg und als größtes zusammenhängendes Waldgebiet auch der wichtigste „Erholungspark" der dicht besiedelten Region.

Sieht man vom Kloster Bebenhausen ab, so blieb der Schönbuch auch im Mittelalter weitgehend unbesiedelt. Seine Nutzung oblag nämlich rund 60 Orten im Umkreis, die sich als „Schönbuchgenossen" das Recht der Waldweide und der Holznutzung sicherten, wofür sie Frondienste zu leisten hatten. Die obrigkeitlichen Rechte gingen im 14. Jahrhundert gänzlich an die Grafen von Württemberg über, die den Schönbuch als herrschaftlichen Jagdwald schätzten. Die Übernutzung des Waldes war - von den Bannwaldbereichen abgesehen - so stark, dass Goethe auf seiner Reise nach Italien im Jahr 1797 nicht durch einen Wald nach unserem Verständnis gereist ist, sondern durch ein Grasland mit Bäumen, denn er schreibt: „Einzelne Eichbäume stehen hie und da auf der Trift."

Der heutige Wald verdankt seine Entstehung den planmäßigen Aufforstungen seit dem Jahr 1820, welche erst durch die Schaffung von Staatswald, der Ablösung der Schönbuchgerechtigkeiten und der Etablierung von Forstbehörden möglich wurden. Die Abwicklungen dauerten Jahrzehnte lang und die Forststrafen für Holz- und Wilddiebe waren hart. Etliche Gedenksteine im Wald erinnern noch an die Auseinandersetzungen zwischen Forstpersonal und Bevölkerung.

Waldbauliche Maßnahmen haben kontinuierlich den anfänglich hohen Kiefern- und Fichtenanteil zu Gunsten von Buchen, Eichen und Hainbuchen vermindert. Ein Übriges taten die Stürme der 1990-er Jahre, die gerade unter den Fichtenbeständen auf den staunassen Böden der Hochflächen „abgeräumt" haben. Waldbauliches Ziel ist der so genannte „Naturnahe Wald" mit einem Drittel Nadelhölzern und Zweidrittel Laubbaumarten.

Krone einer Stieleiche

Berühmt ist der Schönbuch wegen seiner alten Eichen. Sie sind etwa 350 Jahre alt oder älter und meistenteils ehemalige Hutebäume aus der Zeit der Waldweide. Markante Eichen sind: Schnapseiche, Hubertuseiche, Königseiche, Platoeiche, Burgereiche, Sulzeiche. Und schließlich ist da noch die ‚Mahneiche' am Kirnbachsträßle, die 1972 so benannt wurde zur Erinnerung an die erfolgreiche Verhinderung eines Flughafengroßprojekts im Schönbuch.

Direkt am Pilgerweg steht beim ‚Roten Tor' die ‚Forstratseiche', die man vom Schlösschen Einsiedel über die Bebenhäuser Allee erreicht. An der Lokalität „Bei der Zeitungseiche" wird die Straße gequert. Der Name erinnert daran, dass in der schon lange abgegangenen Eiche einmal Post und Zeitungen für die Domäne Einsiedel deponiert wurden.

Weiden und Erlen am Klosterweiher

Silberlinde in Bebenhausen

Durch ein Gattertor geht der Jakobsweg in das etwa 4000 Hektar große Hirschfreigehege, das vor Bebenhausen durch ein zweites Tor verlassen wird. Das Rotwild des Schönbuchs ist eine landeskundliche Reminiszenz, denn die Jagd im Schönbuch galt dem Hirsch. Schließlich führt das Haus Württemberg die Hirschstangen im Wappen.

Bebenhausen liegt, wie es sich für eine Niederlassung der Zisterzienser gehört, zwischen Waldbächen und Weihern. Die Baumweiden am alten Klosterweiher geben dem Klostergemäuer einen silbrigen Rahmen. Einer von den Altweiden musste die Krone abgenommen werden - was Weiden gut überstehen - und die nun eine sekundäre kugelige Krone ausgetrieben hat. Noch andere Baumschätze beleben die Dachlandschaft der Schloss- und Klosteranlage, darunter eine 140-jährige Silberlinde vor dem Jagdschloss.

> Die **Silberlinde** (Tilia tomentosa) ist ein Zierbaum, der aus den Balkanländern stammt, ebenmäßig wächst und trockene Lagen erträgt. Die Unterseiten der Blätter sind weißfilzig behaart und kontrastieren schön zur dunkelgrünen Blattoberseite.

Neckar – Untersee – Weg

Tübingen – Stockach – Konstanz

Tübingen – Balingen

Spitzberg, Rammert und Vorland der Westalb

Im Hof des Schlosses zu Hohentübingen steht die rund 30 Jahre alte **Tübinger Schlosslinde,** die Nachfolgerin der Ulrichslinde, die fast 450 Jahre alt wurde. Herzog Ulrich von Württemberg soll das Lindenreis im Jahr 1534 eingepflanzt haben, anlässlich der Huldigung nach der Wiederinbesitznahme seines Herzogtums.

Spitzberg und Hirschauer Berg sowie der vorgelagerte **Wurmlinger Kapellenberg** bilden einen typischen Höhenzug im Keuperland: Die Südhänge mit Weinbergen und Obstgärten sind aus weichem Gestein, obenauf liegt ein vor Abtragung schützender stufenbildender Deckel, auf dem auch die Kapelle gründet.

Die Wurmlinger Kapelle, ein schmuckloser Bau in einzigartiger unverbauter Höhenlage, ist berühmt durch die Lieder und Verse, die ihr gewidmet wurden, und deren identifikationsstiftende Wirkung in Württemberg.

Linde auf Hohentübingen

Wurmlinger Kapelle

Der Bergfriedhof ist Begräbnisplatz geblieben und heute mit bequemer Fahrstraße erreichbar. Bemerkenswert ist die Aussicht: Da ist erst einmal das breite Neckartal mit den Baggerseen, die heute als sekundäre Naturstätten Rastplätze für Zugvögel und Brutplätze für Standvögel sind. Abbaufähige Schotter sind im Neckartal ungewöhnlich, die hiesigen entstammen der Nacheiszeit, als der Neckar durch die so genannte „Schwäbische Pforte" aus dem engen Muschelkalktal in die ausgeräumte Gipskeuperwanne eintrat und diese aufgeschottert hat.

Waldrand mit Wildkirschen

Dahinter erhebt sich der bewaldete Keuperberg des **Rammert** mit den am Hangfuß aufgereihten Siedlungen. Im Westen ist ihm die Weilerburg vorgelagert, über dem Rammert erscheint die mächtige Schichtstufe der Schwäbischen Alb.

Vor Rottenburg liegt in Bäumen versteckt der Sülchenkirchhof, der an den **Sülchen**, eine fränkisch-merowingische Gründung unweit der römischen Ruinen Rottenburgs und Machtzentrum im Sülchgau, erinnert.

Das nahe **Rottenburg**, einst hohenbergische Residenz, dann vorderösterreichischer Verwaltungsort und im Jahr 1828 zum Amtsort des neuen katholischen Bistums für das Königreich Württemberg geworden, heute Sitz der Diözese Rottenburg-Stuttgart, ist ein wichtiges Etappenziel auf dem Jakobsweg.

In Rottenburg führt die Brücke über den Neckar in die sanierte Altstadt von Ehingen. Oberhalb des Schadenweiler Hofs geht es in den Rammert und damit in den Wald. Am Sattel des Rappenbergs ändert sich das Waldbild abrupt und der Buchenwald macht einem wärmeliebenden, lichten Wald mit Traubeneichen Platz.

> Auch die **Trauben-Eiche** (*Quercus petraea*) ist ein Waldbaum. Ihre Ansprüche an Boden und Lage sind bescheidener als die der Stiel-Eiche, sie nimmt mit trockenen und steinigen Böden vorlieb. Ihr forstliches Handicap ist ihr langsames Wachstum, ihr Vorzug der bis in die Krone durchgehende gerade Stamm. Das Blatt hat einen keilförmigen Blattgrund und langen Blattstiel im Gegensatz zur Stieleiche. Die Blätter sitzen nicht in Rosetten, sondern sind gleichmäßig verteilt und geben einen vollen Schatten. Die Früchte sind in traubenförmigen Knäueln vereinigt, worauf sich der Name bezieht.
>
> Eichen waren auch Grundlage der Gerberei, sie sind die wichtigste Quelle für Gerbstoffe gewesen. Mit Eichenlohe konnte man Tierhäute zu Leder gerben. Gerbstoffhaltig ist besonders die Rinde vor der Borkenbildung. Im Schälwaldbetrieb hat man noch in Stuttgarts Wäldern bis zum Zweiten Weltkrieg junge Traubeneichen, im Saft stehend, geschlagen und die Rinde abgeschält.

Der Blick öffnet sich auf die Weite des Gäus und seine hell strahlenden Gewerbegebiete. Im Nahbereich liegt Dettingen mit dem Kirchhügel vor einer Stufenrandbucht des Rammert. Die Rappenberghalde ist ein floristisches Kleinod, es gibt da nämlich noch Wiesen mit richtigen Wiesenblumen, nicht nur Grünland mit Löwenzahn. Hinzu kommen Kirsch- und Apfelbäume und eine Unzahl von Heckensträuchern!

> Die **Wildkirsche** (*Prunus avium*) ist unser häufigstes Wildobst und Stammform der Süßkirsche. Ob sie schon von den Alemannen oder Franken in Kultur genommen wurde, ist unklar. Sie heißt auch Waldkirsche, denn sie wächst am Waldrand, im Vorwald, in starken Hecken und als Pionierholz auf Sturmwurfflächen. Ein anderer Name ist Vogelkirsche, denn sie ist eine Leibspeise der Vögel. Die Stämme sind dank der geringelten, rissigen Borke leicht kenntlich, was aber nicht für Jungkirschen gilt, diese sind glattrindig. Die Wildkirsche ist zum „Baum des Jahres" 2010 gewählt worden.

> Im Frühling, wenn der Wald noch kahl ist, bezaubern die blühenden Bäume am Waldrand. Die zarten weißen Blüten hängen an langen Stielen wie Glöckchen in Büschelchen herab. Die Kirschen sind rot und werden gerne den Schnapskirschen zur Geschmacksverfeinerung beigemengt.

Der Weg in den Ort hinein ist lang und hinaus fast noch länger auf einer für dörfliche Verhältnisse ungewöhnlichen ‚Chaussee'. Sie wurde schon im ausgehenden 18. Jahrhundert angelegt und stellte die Verbindung von Rottenburg nach Hechingen bzw. Meßkirch dar. Der Jakobsweg folgt zunächst diesem Höhenweg durch den Rammert. Eine Wegvariante führt über Hirrlingen durch das Gäu. Am Kornberg fallen sofort die Weißtannen auf.

Weißtanne

Die **Weißtanne** oder Edeltanne (Abies alba) ist eine recht seltene heimische Baumart, denn nicht alles, was grüne Nadeln hat, ist ein Tannenbaum.

Die Weißtanne ist ein typischer Baum der Bergmischwälder und der Charakterbaum des Südschwarzwalds. Die Tanne liebt luftfeuchte Lagen, ist aber frostempfindlich und braucht zum Gedeihen mehr Wärme als die Fichte.

Die Weißtanne ist eine ästhetisch ansprechende Baumart. Aus der Ferne erkennt man alte Tannen an der Wuchsform. Ihre Krone ähnelt einem Adlerhorst. Junge gesunde Tannen hingegen haben einen streng pyramidenförmigen Habitus mit dominantem Wipfeltrieb, der erst im hohen Alter im Wachstum zurückbleibt, was den aufstrebenden Seitenästen erlaubt, die nestartige Krone aufzubauen, die mehr in die Breite als in die Höhe wächst. Die Stämme alter Tannen schimmern silbriggrau, worauf der Name Weißtanne gründet. Auch die Nadeln haben typische Erkennungsmerkmale, nämlich zwei weiße Wachsstreifen auf der Unterseite. Sie riechen übrigens beim Zerreiben aromatisch nach Balsam und Terpentin, ein Duft, der auch dem schwarzen Tannenhonig eigen ist. Die Tannenzapfen hängen übrigens nicht, sondern stehen aufrecht bis zur Fruchtreife, dann fallen die Samen und Samenschuppen ab, so dass nur noch die kahlen Spindeln auf den Ästen hocken.

Die Tanne ist der höchste heimische Waldbaum Europas und kann 50-60 Meter hoch werden, sie erreicht ein Alter von 500 – 600 Jahren, ihre forstliche Hiebreife liegt bei etwa 130 Jahren. Ihr Holz ist noch immer ein wertvolles Bauholz. Nur 2% der Waldfläche in Baden-Württemberg entfallen auf die Weißtanne!

Das Schild „Pelagiustanne" markiert die Lokalität einer abgegangenen Tanne. Der heilige Pelagius ist nicht nur Patron des Bistums Konstanz, sondern auch der Stadt Konstanz und des Konstanzer Münsters. Dennoch weiß man wenig von ihm, mit Sicherheit nur, dass seine Reliquie auf Betreiben des politisch bedeutenden Bischofs Salomon III. um das Jahr 900 nach Konstanz gelangte. Im Bereich des alten Bistums Konstanz findet er sich immer mal wieder als Kirchenpatron, so auch im oberschwäbischen Laupertshausen - St. Jakobus und St. Pelagius - und ganz bedeutsam in der St. Pelagius-Kirche zu Denkendorf, beide an Jakobswegen gelegen.

Bei **Bechtoldsweiler** ist erstmals der landschaftsbeherrschende Kegelberg des Hohenzollern mit der wuchtigen ‚preußischen Ritterburg' zu sehen. Und das Erstaunlichste ist, dass der ganze Berg gänzlich frei von Verbauungen ist! Sind es Nachwehen des preußischen Verunstaltungsgesetzes, das keine gröbliche Verunstaltung des Landschaftsbilds rund um die Burg Hohenzollern erlaubte?

Auch im Vorland der Westalb ist die Streuobstkultur weit verbreitet gewesen. Heute wird das Obst oft nicht mehr geerntet und ein roter Apfelteppich bedeckt die Wiesen, wenn sie nicht als Pferdekoppel genutzt werden. Gelegentlich trifft man junge Obstanlagen, die mit einem Psalmvers „ausgerüstet" sind.

Pflanztafel (Lenningen)

Wer Hechingen auslassen will, kann über die Höhe direkt zum Bahnhof Zollern gehen. Schon von Rangendingen aus hätte es sich schön über Schloss Lindich nach Wessingen gehen lassen. Eine Extratour wäre auch der Abstecher auf die Burg Hohenzollern. Eine Bahnfahrt von Hechingen bis Balingen könnte den zeitlichen

Streuobstanlage im Herbst

Verzug wieder wett zu machen. In Hechingen zweigt der Hohenzollerische Jakobsweg über Burladingen nach Meßkirch ab.

Die alte zollerische und preußische Residenz- und Verwaltungsstadt **Hechingen** verlässt man elegant auf dem Alleenweg „Am Fürstengarten". Der Bahnlinie folgend erreicht man den alten **Zollerbahnhof**. Das kleine Gebäude schmückt sich mit einem Baum, der ‚herrschaftlichen' Bestimmung des Bahnhofs entsprechend mit einem edlen Parkbaum, einer Blut-Buche.

> Eine Buche mit blutrotem Laub ist eine **Blut-Buche** (*Fagus silvatica* f.purpurea / *Fagus silvatica* 'Purpurea'). Das Blattgrün des Blattinnern ist durch rote Farbstoffe, Anthocyane, des äußeren Hautgewebes verdeckt. Rote Blätter enthalten also genauso viel Blattgrün wie grüne. Es handelt sich um eine Mutation, die wohl immer wieder spontan auftritt. Eine gezielte Kultur gibt es erst seit dem 18. Jahrhundert und in der Gründerzeit wurde die Blut-Buche zum Modebaum und ziert noch heute manches Amtsgebäude oder eben einen preußisch-hohenzollerischen Bahnhof.

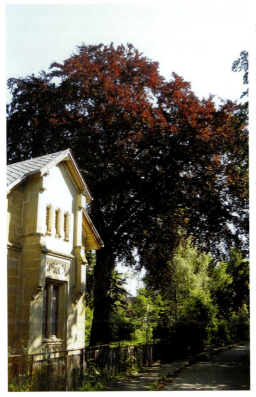

Blut-Buche am Zollerbahnhof

Am Weiterweg folgen die Orte Wessingen - Bisingen - Engstlatt und Balingen, die wie Perlen an der B 27 aufgereiht scheinen, alle im Bereich des Unterjura oder Schwarzjura, der gute tonige Verwitterungsböden hergibt und einen anständigen Baugrund. Am Albtrauf rücken nach der Zollernalb die Lochen- oder Balinger Berge ins Gesichtsfeld sowie der Schafberg samt Sendeturm. Der Jakobsweg schlängelt sich meistenteils südlich der Siedlungen durch die hügeligen Wälder bis zum ampelgeregelten Straßenübergang vor Balingen.

Gerade auf dem Weg von Rothenburg über Tübingen zum Bodensee wird dem Jakobspilger drastisch die tägliche Landschaftsvernichtung vor Augen geführt.

In Baden-Württemberg verschwanden im Jahr 2003 pro Tag 10,3 Hektar Land unter Straßen und Häusern. Das entspricht einer Fläche von 13 Fußballfeldern. Täglich. Bis zum Jahr 2009 hat sich der Landschaftsverbrauch etwas abgeschwächt, es waren dann nur noch elf Fußballfelder täglich. Es sei dahingestellt, ob diese Verlangsamung ein Ausdruck der wirtschaftlichen Stagnation oder das Ergebnis des Aktionsbündnisses "Flächen gewinnen in Baden-Württemberg" sei. Paradoxerweise deklarieren wir die verbaute Landschaft wiederum als Landschaft, nämlich als „Wohnlandschaft", „Einkaufslandschaft" oder „Badelandschaft", um uns vorzuschwindeln, die Landschaft sei nicht verbraucht, nur verwandelt.

Burg Hohenzollern

Balingen – Beuron

Südwestalb mit Bäratal

Ein von Nussbäumen gesäumter Hohlweg lässt in **Endingen** die Anhöhe gewinnen, wo es frontal auf den Albtrauf zugeht, auf die beiden Lochen, rechts der Lochenstein und links das Lochenhörnle. In **Weilstetten** führt die Lindenstraße zum ‚Sportheim Linde', das tatsächlich von schönen Lindenbäumen gesäumt wird.

Im Bergwald fallen die schönen Weißtannen auf und im romantischen Felsenmeer sind wir in einem Buchen-Tannen-Wald, einem harmonischen und edlen Wald, denn Tanne und Buche vertragen sich gut, und keine andere Nadelbaumart ist so häufig in Mischung mit der Buche zu finden wie die Tanne. Die Nadeln der Tanne zersetzen sich gut und es bildet sich keine dicke Nadelstreu wie in Fichtenwäldern. Die Tanne hat hier in der Traufzone der Südwestalb ohne forstliches Zutun ein natürliches Vorkommen, das auf den so genannten „Tannenvorstoß" im 16. Jahrhundert zurückgeht, als sich der Baum in den lichten, übernutzten Wäldern ausgebreitet hat.

Vom Lochenhörnle schweift der Blick hinüber zu den in der Sonne leuchtenden Flühen, den Felsenbändern von Grat und Gräbelesberg. Sie bestehen aus besonders harten Massenkalken, den zu Stein gewordenen Trümmern der Kieselschwammriffe des Jurameers, die wie Klötze aus den geschichteten Kalken aufragen. Vom Trauf lässt sich von oben in den Wald hineinschauen: Buche, Esche, Berg-Ulme, Sommerlinde, Berg-Ahorn und am Hangfuß die dunklen Tannenbestände. Die Rufe des Kolkraben sind zu vernehmen und vor dem Felsenkranz ist der Wanderfalke im Flug auszumachen.

Mehlbeere im Laubaustrieb

Der **Mehlbeerbaum** (Sorbus aria) liebt trockene, sommerwarme Kalkstandorte und ist ein typischer Baum oder Strauch der Traufkante und Felsengebüsche der Schwäbischen Alb. Beim Blattaustrieb zeigen sich zunächst nur die gefalteten weiß-wolligen Blattunterseiten und von der Ferne wirkt der Mehlbeerbaum dann wie ein unbekannter blühender Baum. Auch bei starkem Wind stellt sich im Sommer dieser Effekt ein. Die Blüten erscheinen erst lang nach dem Laubaustrieb und ähneln denen anderer Sorbus-Arten. Die roten Früchte sind mit Korkwarzen gesprengelt, sie werden von Vögeln gerne angenommen und wurden vom Volk wie andere Wildfrüchte in Notzeiten zermahlen, um das Mehl damit zu strecken.

Rot-Buche im Frühling

Die Hochfläche des Lochenhörnles - 950 Meter ü. NN - ist waldfrei und wird vom „**Naturschutzgebiet Hülenbuchwiesen**" eingenommen. Es muss ein Ort der Sehnsucht sein, wie sonst ließe sich erklären, dass dieses kleine Fleckchen Erde sonntags von Tausenden von Besuchern überschwemmt wird? Es sind Museumswiesen, die in herkömmlicher bäuerlicher Weise bewirtschaftet werden und einzig und allein dadurch erhalten werden.

Es handelt sich um so genannte Kalkmagerwiesen. „Mager" bedeutet, dass sie ungedüngt sind. In der alten Zeit wäre es viel zu unwirtschaftlich gewesen, Stallmist mit Pferde- oder Ochsengespannen aus dem Tal in die hintersten Gemarkungsflächen auf die Hochwiesen zu fahren, zumal er woanders dringender gebraucht wurde. Kalkmagerwiesen sind einschürig oder einmähdig, sie werden nur einmal im Jahr gemäht, nach dem bäuerlichen Kalender ab Jacobi, dem 25. Juli, zwischen der Heuernte im Tal und der Kornernte. Wenn auf den Hochwiesen zu wenig Gras aufgewachsen war, konnte die Heuernte auch einmal ausfallen, der Berg wurde dann im Herbst beweidet. Charakteristisch für Kalkmagerwiesen ist ihr zweistockiger Aufbau. Durch die Etage der Obergräser lässt sich hindurchschauen, im Gegensatz zur Öhmdwiese. Bücken muss man sich allerdings schon dazu. Alle Pflanzen sind

Spezialisten, auch die Gräser, die nur eine einmalige späte Mahd ertragen und keinen Dünger brauchen, ja durch Düngung kaputt gehen. Mit Einführung des Kunstdüngers wurden fast alle Mähder in ertragreichere zweischürige Öhmdwiesen umgewandelt, die inzwischen im Rahmen des landwirtschaftlichen Fortschritts in Mehrschnittgrünland transformiert worden sind. Die Hülenbuchwiesen sind keine reinen Wiesenflächen, es befinden sich Bäume und Gehölzinseln darin, was hier kein Zeichen von Verbuschung ist, sondern der primären Nutzungsform als Holzwiese entspricht, einer typischen bäuerlichen Doppelnutzung. An unebenen Stellen ließ man Bäume aufkommen zur Bau- und Brennholznutzung.

Erhalten haben sich solche Wiesen dank unerschrockener Naturschutzpioniere der 1930-er Jahre und sind inzwischen alle als Naturschutzgebiete ausgewiesen. Naturschutzgebiete sind Museen für lebende Pflanzen und Tiere, ein Refugium für „die letzten Mohikaner" unter Vögeln und Insekten sowie für selten gewordene Pflanzengesellschaften, und sie zeigen, wie schön die Schwäbische Alb einmal gewesen ist.

Gemessen am Besucherstrom sind die Hülenbuchwiesen viel zu klein. Es ist ja nicht allein die Pflanzenwelt, die lockt. Es ist das kulturlandschaftliche Reliktareal: Kein Baumarkt in der Wiese, kein Straßenlärm, keine Ortsverbindungsstraße, kein Disneyland. Eine Insel der Glückseligen, eingehegt von den Flühen, nur mit einer schmalen Landbrücke zur Albhochfläche!

Über diese Verbindung führt auch der Jakobsweg und zwischen den wilden Parkplätzen werden wir auf die Wasserscheide aufmerksam gemacht, die europäische Hauptwasserscheide zwischen Donau und Rhein.

Blick über Tieringen zur europäischen Hauptwasserscheide

Im Westen erscheint in einer breiten Talmulde liegend **Tieringen**, der erste Ort im Naturpark „Obere Donau". Die Gemarkung Tieringen liegt auf der Wasserscheide und bedient mit je einem Quellbach beide Flusssysteme. Die Bära entspringt östlich vom alten Ort, während die Schlichem im Nordwesten ihren Ursprung nimmt und bis zum Albtrauf das „geköpfte Tal" nutzt, das dort ‚frei in der Luft' endet. Gegenüber der Tal- und Wasseranzapfung im Rahmen der rückschreitenden Erosion hat die Bära keine Chance. Wie alle danubischen, der Donau zufließenden, Gewässer wird sie vom Ursprung her „gemeuchelt" durch die höhere Erosionskraft der rheinischen Flüsse und im Karstgebiet der Alb, zudem besonders „heimtückisch", nämlich unterirdisch.

Wer Tieringen auslassen will und erst später ins Bäratal absteigen möchte, geht auf der Höhe bleibend zum Hof Michelfeld. Durch Wiesengelände und die Wacholderheide am Heimberg geht es nach Unterdigisheim ins Bäratal! Wer Glück hat, kann am Heimberg echten Schafen und Ziegen begegnen, zumindest jedoch die Glatthafer- und Bergwiesen sehen, die der Heugewinnung für ihre Winternahrung dienen.

Bald darauf taucht **Nusplingen** auf und dahinter das Bergmassiv des Westerberg. Die Kirche St. Peter und Paul wird noch von der Abendsonne beleuchtet, wenn das ganze Tal schon im Schatten liegt.

Nach dem Durchwandern von Nusplingens südlicher Stadterweiterung kommen wir in die **Galgenwiesen**, wo die Obere und Untere Bära zusammenfließen. Und wir haben die außerordentliche Gelegenheit, den Reiz eines Feuchtgebiets einmal nicht vom Rande aus zu erahnen, sondern zu durchwandern, was daran liegt, dass dieser Weg ein alter, nicht ausgebauter Ortsverbindungsweg ist, denn die heutige Verbin-

In den Galgenwiesen

dungsstraße nutzt die aufgelassene Bahntrasse. Wie viele andere Naturschutzgebiete sind auch die Galgenwiesen „Grenzland", heute zwischen dem Zollernalbkreis und dem Landkreis Tuttlingen.

Die Vegetation der Galgenwiesen besteht im Wesentlichen aus Strauchweidengebüschen, Hochstaudenfluren und Nasswiesen. Die Strauchweiden wachsen in der Tat nur strauchförmig, im Gegensatz zu den Baumweiden. Es sind zumeist Grauweiden und Purpurweiden, die halbkugelige Büsche bilden. Die Staudenfluren am Weg werden von Mädesüß eingenommen, das zum Süßen von Met diente, sowie vom Blutweiderich, der blutstillende Wirkung hat und von Kohldisteln, auf deren Blüten gerne Schmetterlinge sitzen. Daneben dehnen sich stattliche Seggen- und Binsenbestände auf brachgefallenen Wiesen aus. Auf den Nasswiesen blühen im Frühjahr die gelben Sumpfdotterblumen, dann der aparte rosafarbene Wiesenknöterich und der purpurrote Große Wiesenknopf, später im Jahr dann die sehr seltene blaue Himmels- oder Jakobsleiter.

Das Pumpwerk „Hammer", dessen Name auf einen historischen Eisenhammer zurückgeht, wurde 1866 von der Albwasserversorgung für die Dörfer auf dem Heuberg eingerichtet.

Der sauber asphaltierte Weg führt nach **Ensisheim**, einem landwirtschaftlichen Anwesen, das seine Mühlenvergangenheit noch erahnen lässt. Es ist auf mittelalterlichen Burgresten gegründet und war einmal Jagdschlösschen, dessen Reste erst 1962 abgerissen wurden.

Der lange Weg durch das Tal darf nicht darüber täuschen, dass die Landschaft westlich und östlich des Tals, Heuberg und Hardt, altbesiedeltes Land sind, denn die Bauerndörfer liegen auf der Höhe. Die Bära fließt mittlerweile in einem rund 200 Meter tiefen Tal mit steilen Hängen, die alle bewaldet sind. Am Waldrand markiert ein Spitzahorn eine Wegkreuzung.

Spitz-Ahorn im Bäratal

> Der **Spitz-Ahorn** (Acer platanoides) ist ein Baum der Laubmischwälder, er bevorzugt warme Standorte und kommt in den Hangwäldern des Bäratals nicht vor.
> Der Spitzahorn blüht, wenn andre Bäume noch kahl sind, und macht schon von weitem auf sich aufmerksam. Im Herbst fällt das orangerote Laub auf. Die Blätter des Spitzahorns sind wie bei allen Ahornen gelappt, im Gegensatz zu anderen Arten laufen die Lappen spitzig aus.

Im Ort **Bärenthal** verlässt der Weg das Tal und führt auf die Albhochfläche. Es gibt mehrere Wegvarianten, stets wird man an Felsen vorüberkommen, die das Obere Donautal erahnen lassen.

Esche in Irndorf

Pflanz einen Baum, mein Freund, und laß dich mahnen,
Pflanz einen Wald, wenn du es irgend kannst!
Frag nicht, wer einst in seinem Schatten tanzt,
und denke nur, es haben deine Ahnen,
die dich nicht kannten, auch für dich gepflanzt.

Irndorf hat einige bemerkenswerte Bäume, da ist gleich am oberen Ortsende ein Kastanienbaum auf einem landwirtschaftlichen Anwesen. Nicht dass es ein außergewöhnlicher Baum wäre, doch er gibt nicht nur dem Hof und dem Straßenzug ein Gesicht, er belebt das ganze Ortsbild. Gepflanzt wurde die Kastanie vom vormaligen Hofeigentümer, anlässlich seiner Wahl zum Schultheiß! Wenn das Schule gemacht hätte, wären unsere Dörfer nicht so grau! Bemerkenswert ist ferner eine stattliche Esche. Sie hat die Einäscherung des Dorfes im Jahre 1799 überlebt und steht bei ihren Eigentümern noch immer in hohem Ansehen. Nicht unerwähnt seien die schönen Linden am östlichen Ortsrand.

Durch Buchenwald geht es steil ins „Tal der Mönche" - wie das Obere Donautal hier genannt wird und von der Akzeptanz der Benediktiner-Erzabtei zeugt. Der schnurgerade Alleenweg von der gedeckten Brücke über die Donau endet an der Pilgerskulptur, die **Beuron** als ein bedeutendes Etappenziel am Jakobsweg ausweist. Unweit davon erinnern die Schutzgemeinschaft Deutscher Wald und die Gemeinde Beuron an das Pflanzen von Bäumen. Gemeint sind nicht die langweiligen Säulen-Hainbuchen, sondern normale Blütenbäume wie die nahen Kastanien, die zur Klosterkirche führen.

Beuron – Meßkirch – Wald

Oberes Donautal - Hegaualb - Donau-Ablach-Gebiet

Das **Liebfrauental** verengt sich nach der Lourdesgrotte, im März blühen im kahlen Winterwald der Talschlucht die Märzenbecher. Kaum ist die Pracht vorbei, folgt mit Lerchensporn und Schlüsselblümchen ein zweites buntes Frühlingskleid. Über ein Hochtal, eine verlassene Donauschlinge, mit Blick auf **Schloss Bronnen** wird ein schöner Kalk-Buchenwald erreicht, dessen sonnige Ränder ebenfalls schon im März von den himmelblauen Sternen der Leberblümchen gesäumt sind.

Das „Durchbruchstal" der **Donau** ist rund 25 Kilometer lang und 200 Meter tief in die Kalktafel der Schwäbischen Alb eingeschnitten. Es ist ein ganz besonderer Naturraum mit eigenem Charakter und eine der schönsten Landschaften Baden-Württembergs. Zuvorderst ist da die Donau, die sich durch ein viel zu großes wiesenreiches Tal windet, beiderseits von bewaldeten Steilhängen begrenzt, die nur durch schluchtartig einmündende Seitentäler eine Unterbrechung erfahren. Landschaftsbestimmend sind die aus dem Wald hoch aufragenden Felsen oder Felsgruppen. Wenn sie Burgen und Burgruinen tragen, ist die romantische Kulisse für den Besucher perfekt.

Felsbiotop

Die Donau formte sich am Ende der Tertiärzeit als mächtiger Strom aus den Alpen. Infolge der Hebung des Albkörpers hat sie sich in voller Breite als Canyon einschneiden müssen. Dabei hat sie die harten Riffkalke, die steingewordenen Schwammriffe des Jurameeres, als Felsklötze herauspräpariert. Auch Schloss Bronnen liegt auf einem solchen Kalkklotz.

Seit der Bildung des Oberrheingrabens ist die Donau ein vom Oberlauf her absterbender Fluss. Zuerst hat sie das Wasser des Alpenrheins und der Aare an den Rhein verloren, der dann alle weiteren Flüsse an sich gezogen hat, denn er hat eine tiefere Erosionsbasis als die Donau. Als Folge der Verkarstung verliert die Donau auch noch unterirdisch Wasser an den Aachtopf.

Die großen **Felsmassive** des Oberen Donautals sind ganz berühmte, einzigartige Pflanzenstandorte. Es sind waldfreie Urbiotope und damit primäre Lebensräume, während Heiden, Wiesen und Wälder von Menschen gestaltet und geformt und daher sekundär sind. Viele Pflanzenarten der Felsköpfe, -simse und –spalten sind endemisch, sie kommen nur hier vor oder ganz weit entfernt in den Hochalpen oder in den pannonischen Steppen. Die Felsflora dokumentiert damit die Landschafts-, Klima- und Vegetationsgeschichte.

Felsen sind sehr sensible Biotope, die durch Betreten und Beklettern irreversibel zerstört werden. Deshalb sind Freizeitaktivitäten und Sportklettern reglementiert und einige Felsen sind durch Rechtsverordnungen mit Kletter- und Betretungsverbot belegt – schließlich treffen sich im Oberen Donautal an einem einzigen Sommerwochenende über 20000 Touristen.

Im oberschwäbischen Fichtenwald

Flurneuordnungsstein mit Bäumen

Beim Waldaustritt sind wir wieder auf der Albhochfläche, auf der **Hegaualb**. Es folgt Buchheim und hinter dem Ort auf der Kuppe der „Buchemer Hans", der Turm der heutigen Friedhofskirche. Bei gutem Wetter besteht Alpenfernsicht.

Ganz eiligen und erfahrenen Pilgern sei verraten, aber nicht empfohlen, dass Stockach direkt im Süden liegt, es aber keinen durchgehenden Wanderweg gibt.

Durch Buchenwald geht es nach **Altheim**, dann durch Fichtenwald nach **Heudorf**. An einer Wegkreuzung mit jungen Buchen und Sitzbank stoßen wir nicht - wie aus der Ferne vermutet werden konnte - auf ein Sühnekreuz, sondern auf das Flurneuordnungsdenkmal aus dem Jahr 2008, von wo wir eine schöne Sicht auf Messkirch haben.

Inzwischen haben wir unmerklich einen neuen Landschaftsraum erreicht: die Donau-Ablach-Platten. Es sind Schotterablagerungen der vorletzten Eiszeit, der Risseiszeit. Bis hierher reichte etwa der Eisschild der vorletzten Vereisung. Das Eis der letzten Kaltzeit, der Würmeiszeit, hatte keinen so weiten Vorstoß nach Norden, seinen Spuren begegnen wir später.

Meßkirch, die ‚Geniestadt', wird von Schloss und Kirche bekrönt. Das Renaissance-Schloss war Residenz der Grafen von Zimmern, für die fürstenbergische Zeit legt der Kirchenbau St. Martin beredes Zeugnis ab.

Am Palmsonntag ist in der katholischen Kirche vor Beginn des Hauptgottesdienstes die Palmweihe - in Meßkirch im Hof des nahen Schlosses. Palmweihe und Einzug in die Kirche sollen die Freude und den Jubel des Einzugs Jesu Christi in Jerusalem wiederholen.

Ein Palmstecken oder **Palmboschen** braucht ein Holzgerüst, das mit Buchs oder anderem immergrünem Reisig umwunden ist, sowie bemalte Eier, die kunstvoll im Wechsel mit Klötzchen auf Drahtkreise aufgezogen sind. Auch hier verkörpert

Palmboschen mit Buchs in Meßkirch

der Kreis die Vollkommenheit. Dazu kommen bunte Bänder und ganz oben ein Holzkreuz. Es gibt auch ganz aufwändige Boschen mit Eibe, Wacholder, Stechpalme, Seve, Thuja, sowie Palmkätzchen, Weiden- und Haselruten oder Eichenzweigen mit Laub vom Vorjahr. Doch nie geht es ohne bunte Eier, Bänder und Kreuz.

Manche Zeitgenossen halten das Palmsonntagsbrauchtum für finsteren Aberglauben, haben selbst aber keine Hemmungen zu Allerheiligen abscheuliche, geisterabwehrende Fratzen in Form hohler Plastikkürbisse aufzustellen! Da ist das lebendige Grün wohl doch die bessere Wahl!

Buchsrondell (Pfarrgarten Erbach)

Der **Buchsbaum** (Buxus sempervirens) ist ein immergrünes Gehölz wie sein wissenschaftlicher Name verrät, denn ‚sempervirens' bedeutet ‚immergrünend'.

Der Buchs gehört zu unseren ältesten Ziersträuchern, wild wächst er nur in sehr warmen sonnigen Laubwäldern – in Süddeutschland nur am Dinkelberg bei Grenzach am Hochrhein.

Sein immergrünes Laub machte den Buchs zum Symbol des Lebens. Im religiösen Brauchtum spielt er nicht nur an Palmsonntag eine Rolle, er schmückt die Kirche zu vielen Anlässen und dient auch als Sargschmuck.

Im Bauerngarten hat man den Buchs als Einfassung für Beete oder als Buschwerk. Er ist auch ein beliebtes Friedhofsgehölz. Höchstes Ansehen fand Buchs als Ziergehölz in den höfischen Gärten der Barockzeit. Den Schnitt erträgt er recht gut, ist auch austriebsfreudig, nur wächst er ausgesprochen langsam. Er liebt Kalkboden sowie trockene Standorte und erträgt Sonne und Schatten gleichermaßen.

Geschätzt war einst auch das harte Holz. In der Antike wurden Behälter und Büchsen daraus gemacht. In der Barockzeit brauchte man es für Intarsien, Rosenkranzperlen und kirchliches Schnitzwerk, später dann für Druckstöcke. Buchsbaumholz lieferte Büchsen aller Art, Arzneibüchsen und Reliquienkästchen und schließlich die Schäfte für Jagdwaffen, die „Büchsen" schlechthin.

Heute erlebt das Gehölz als Gartenschmuck in vielen Sorten eine ungeahnte Renaissance, einerseits als Buchshecke, die den architektonischen Gartenanlagen Strenge und Form gibt, andererseits als Solitärpflanze, die zu Kugel, Spirale oder Pyramide gestaltet über das architektonische Moment hinaus auch ein spirituelles nicht leugnen kann.

Nach Meßkirch geht es weiter durch das reliefarme Altmoränenland mit den Schottern der Risseiszeit. Das ausgedehnte Waldgebiet ist säkularisierter Klosterwald und glücklicherweise im Zusammenhang erhalten geblieben. Auf den endlos langen Forstpisten bieten die verschiedenen Waldabteilungen viel Abwechslung. Im Frühlingswald sticht das lindgrüne Nadelkleid der Lärchen hervor.

Lärche

Die **Lärche** (Larix decidua) ist der einzige heimische Nadelbaum, der nicht immergrün ist, sondern die Nadeln im Spätherbst verliert, nachdem sie sich so goldgelb verfärbt haben, als ob sie den Sommer speichern wollten. Im Frühling machen die zarten, hellgrünen Nadelbüschel auf den überhängenden strohgelben Trieben die Lärche zu einem anmutigen Baum. Die rötlichen jungen Zäpfchen wirken blütenartig und auch die reifen rehbraunen Zapfen sind sehr dekorativ.

Die Lärche ist ein Baum der Alpen, des Hochgebirges, wo sie bis zur Waldgrenze reicht. Ins Flachland, in kolline Lagen, wurde sie seit der Zeit der Holzverknappung im 18. Jahrhundert in mehreren Wellen eingebracht. In der Jugend ist sie raschwüchsig, wird dann aber von den Fichten eingeholt und kann dann regelrecht in einem Fichtenmeer „ertrinken". An ihre Herkunft aus den Bergen erinnert ihre Vorliebe für Freiraum mit viel Abstand zum Nachbarn, sowie ihre Abneigung gegen Nebel und Luftfeuchte in der Wachstumszeit.

Kloster Wald anzupeilen lohnt sich zwar immer, doch für Pilger, die über Stockach zum Bodensee wollen, gibt es mehrere Abkürzungen: direkt nach Sentenhart oder Sattelöse oder noch früher abzweigend und daher noch kürzer direkt nach Mindersdorf.

Wald – Stockach

Im Alt- und Jungmoränenland

Der Jakobsweg geht von Kloster Wald aus westwärts durch den Wald bis zu einer Senke mit verlandetem Wassergraben, der Stelle eines alten Bahnübergangs der 1973 aufgehobenen Bahnlinie vom Bahnhof Schwackenreute nach Pfullendorf. Die Eisenbahnlinie, die ja Höhendifferenzen meidet, folgt hier der Wasserscheide am Rand mooriger Senken. Während im Schichtstufenland die Wasserscheiden im Allgemeinen auf den Höhen verlaufen, liegen sie in Oberschwaben oftmals in den Mooren, die nach beiden Richtungen entwässern.

Nach den aufgereihten Höfen der langen ‚Ruhestetter Allee', der schon viele Bäume abhanden gekommen sind, wird **Sentenhart** erreicht. Eine alte Pfarrhauslinde steht am Fuß des Kirchbergs und eine Eschenallee verbindet mit dem einstigen

Waldweg bei Kloster Wald

Baum auf dem Hügel

Bahnhöfle. Der Damm dieser Eisenbahnlinie ist heute ein schönes Heckenbiotop. Auf die Lokalität ‚Roter Platz', einer alten ‚Haltstation', folgt der Rodungsweiler Sattelöse, an den sich im Westen das Moorgebiet „Waltere Moor" anschließt, ein Naturschutzgebiet und „Grenzland" an der Grenze der Landkreise Sigmaringen und Konstanz und der jeweiligen Regierungsbezirke.

Hinter **Mindersdorf** erhebt sich die Wand eines Höhenzugs, eines Endmoränenwalls, von wo aus das abschmelzende Wasser auf dem Weg zur Ablach und Donau die breite Talniederung von Mindersdorf geschaffen hat. Das einstige Flussbett ist dann wie in Sentenhart und Sattelöse vermoort und wird heute von einem winzigen Bach, dem Zubringer der Stockacher Aach, benützt.

Bei den **Steighöfen**, 685 Meter ü. NN, wird der Grat des Moränenwalls erreicht. Man genießt eine phantastische Aussicht: Auf die Stockacher Berge, den im Dunst verborgenen Bodensee und auf das Alpenpanorama sowie auf den benachbarten Moränenhügel, wo ein einzelner Baum einen einzigartigen Akzent in das Landschaftsbild setzt.

Stockacher Berge

Steighöfe

Mostbirnbäume im Winter

Der Endmoränenwall gehört zur letzten großen Vereisung, der Würmeiszeit. Das ausgebreitete Jungmoränenland der Stockacher Berge hat ein wild bewegtes Relief, das von der formenden Kraft des Wassers in der Nacheiszeit geschaffen wurde, denn der Weg zum nahen Bodensee ist kurz und die Höhendifferenz beträchtlich.

Unter den Schotter- und Schuttmassen liegt das Molasseland, das in den Tobeln als goldgelber Sand gelegentlich zutage tritt.

Bergabwärts kommen wir endgültig in den badischen Landesteil Baden-Württembergs, der vormals zur vorderösterreichischen Landgrafschaft Nellenburg gehörte. Und wir kommen in das Sprachgebiet des Bodenseealemannischen, das sich hier dank der „badischen Identität" erhalten hat, im Gegensatz zum östlichen Bodenseeraum, der 1810 württembergisch wurde und wo sich der schwäbische Dialekt stark ausgebreitet hat.

Die Weiler Ursault und Hengelau sind reich an alten Birnbäumen und an Holunderbüschen. In Oberschwaben und im Bodenseegebiet ist die ‚**Schweizer Wasserbirne**' eine häufige Mostbirnsorte, in der benachbarten Schweiz heißt sie ‚Thurgibirne'. Sie bildet hochkronige mächtige Bäume, blüht sehr üppig, die Birnen werden bei der Reife auf der Sonnenseite rotbackig und auch das Laub färbt sich im Herbst dunkelrot. Die Sorte macht ihrem Namen alle Ehre, denn die Birnfrüchte sind tatsächlich herbwässrig. Sie wurde als Mostbirne und als Dörrbirne verwendet. Da sie wenig Gerbstoffe besitzt, wird sie zur Mostbereitung mit anderem Birnenmost oder Apfelmost gemischt. Der Baum ist anspruchslos und erträgt auch Höhenlagen. Mitunter fehlt den Bäumen die handwerkliche Verjüngungs- und Erhaltungspflege, sie scheinen nur noch Dekoration zu sein, ohne Nutzen.

Der **Schwarze Holunder** (Sambucus nigra), auch Holderbaum oder Holler genannt, stand an Häusern, Scheunen, Stallungen, ohne alle Pflege, denn er kommt von selbst und wurde nicht gepflanzt, außer in Bauerngärten, wo er seinen festen Platz hat. Inzwischen ist er von Kugelakazien und Magnolien verdrängt worden. Vor ungenutzten Remisen und baufälligen Feldscheuern gedeiht er noch immer, besonders prächtig auch auf Mistablagerungen und Verfüllungen im Gelände, denn er liebt nährstoffreichen Untergrund und gilt als Stickstoffzeigerpflanze. Man kennt den Holunder im Allgemeinen als Busch oder Großstrauch, er kann jedoch zu einem mehrstämmigen Kleinbaum mit rundlicher Krone und überhängender Bezweigung heranwachsen. Meistens wird er für ein Kulturgewächs gehalten, er ist jedoch lediglich ein Kulturbegleiter.

Als Wildgehölz kommt er in Auwäldern und in lichten sickerfeuchten Hangwäldern vor. Holunder mag es sonnig oder halbschattig, er ist insgesamt anspruchslos und frosthart und besitzt ein gutes Ausschlagvermögen. Selbst wenn man den Strauch radikal am Erdboden abhacken sollte, schlägt er wieder aus. Die jungen Triebe haben auffallende Warzen, bei alten Trieben ist die Rinde gefurcht und stark verkorkt. Sie enthalten das bekannte weiche, weiße „Holundermark", das früher gewürfelt auf die Kreise des Palmboschens zwischen den bunten Eiern aufgefädelt wurde.

Holunder ist eine der heilkräftigsten Pflanzen. Alles an ihm ist heil- und nutzbringend: Blatt, Blüte, Frucht, Rinde und Wurzel! Er war die bäuerliche „Medizinkiste" für Mensch und Vieh. Die Blätter haben einen hohen Mineralstoffwert, höher als anderes Laub, das in der bäuerlichen Landwirtschaft verfüttert wurde. Holler- oder Fliederblütentee ist bis heute ein Schweiß und Harn treibendes Hausmittel zur Vorbeugung bei Erkältungskrankheiten und Holunderbeersaft wirkt fiebersenkend, appetitanregend und schleimlösend. Die grünen Holunderblätter heilten einstmals entzündetes Zahnfleisch und kühlten kleine Wehwehchen.

Das Gehölz wurde auch als 'Flieder' oder 'Weißer Flieder' bezeichnet, bis dieser Name auf den lilablühenden Flieder (*Syringia vulgaris*) übertragen wurde, der Mitte des 16. Jahrhunderts aus dem Osmanischen Reich nach Deutschland kam.

Holunderbeeren · Holunder in Blüte

Der Holunder blüht mit süßlichem Duft zur Sonnwendzeit, „um Johanni", und hat volkserotische Bedeutung, ausgedrückt im Merksatz: „Auf Johannis blüht der Holler, da wird die Lieb' noch toller". Die vielen champagnerfarbenen Einzelblüten sind in aufrechten, tellerförmigen Trugdolden vereint. Der Duft lockt Fliegen und Käfer an, die auf den Blüten herumkrabbeln und sie bestäuben. Mit dem Verblühen neigt sich der Blütenstand abwärts, der Stiel färbt sich dunkelrot. Die glänzend schwarzen, saftreichen Beeren sind botanisch betrachtet Steinfrüchte mit drei knorpeligen Steinkernen. Die Verbreitung der Samen erfolgt durch Vögel auf dem Verdauungsweg.

Ein so nützliches Gewächs im Wohnumfeld der Menschen war in der bäuerlichen Alltagskultur natürlich von magischen Vorstellungen durchdrungen. In der Heiligenlegende hat die Gottesmutter auf der Flucht in das Ägyptenland unter einem Holderstrauch gerastet und die Windeln des Jesusknaben am Holderstrauch zum Trocknen aufgehängt. Im Volksglauben war der Holunder der Baum der Frau Holle oder Holda, einer mächtigen Sagen- und Märchengestalt. Der Holunder war Sitz der guten Hausgeister und Schutzbaum mit abwehrenden Kräften und vermochte sogar Hexen zu bannen. Abhacken brachte Unheil übers Haus. Eine Begegnung unter dem Holunderbusch galt jedoch als gutes Omen. Obgleich dem Holunder positive Kräfte innewohnen, so hat er doch, wie die Frau Holle im Märchen selbst, einen ambivalenten Charakter. Er ist nicht nur der Baum des Lebens, sondern er ist auch Totenbaum.

Wer glaubte, jetzt gleich in Stockach zu sein, hat sich geirrt. Ein Tobel im sandigen Molassegestein will erst durchquert werden, bevor es wieder hochgeht, um dann erst auf der alten Zoznegger Straße nach Stockach hinein zu gelangen. **Stockach** war ein bedeutender Verkehrsknotenpunkt. Hier kreuzten sich die Straßen von Wien nach Paris, von Ulm nach Basel und von Stuttgart nach Zürich. Es war auch ein Pilgerzentrum, nicht zuletzt durch die Förderung der Jakobswallfahrt durch die Grafen von Nellenburg, und es ist heute ein guter Ort, um Station zu machen.

Über Pfullendorf nach Überlingen

Durch den Linzgau

Für den alternativen Weg von Wald über Pfullendorf nach Überlingen, den Linzgau Weg, mit anschließender Bootsfahrt nach Wallhausen und den Weiterweg nach Konstanz seien zwei baumrelevante Dinge erwähnt: die berühmte Linde in Hohenbodman und der Schluchtwald im Aachtobel.

In **Hohenbodman** erhebt sich aus einem netten Rasenplätzchen ein Koloss von Baumstamm, der von vergangener Pracht kündet. Es ist die 1000-jährige Linde von Hohenbodman, eine Sommerlinde. Eine Tafel informiert:
„Diese Linde ist eine der ältesten Linden Deutschlands. Ihr Alter wird auf 800 – 1000 Jahre geschätzt. In ihren besten Jahren verzeichnete die Linde eine Höhe von rund 30 Metern und einen Stammumfang von über 10 Metern. In den Jahren 1964 und 1975 wurden bei der Verlegung der Trink- und Abwasserleitung rund 40% des Wurzelwerks zerstört. Der Vitalitätsverlust war dramatisch. Im Jahre 1983 wurde die Linde umfangreich saniert. Man gab ihr damals nach der Sanierung noch eine Lebenserwartung von 30-50 Jahren."
Schon 1908 hat sie der Forstbotaniker Ludwig Klein, Verfasser des forstbotanischen Merkbuchs „Bemerkenswerte Bäume im Großherzogtum Baden", be-

Linde zu Hohenbodman

schrieben: 26 Meter hoch, Stammumfang 9,40 Meter. Im Jahr 1983 maß sie rund 30 Meter in der Höhe und hatte einen Stammumfang von 10,10 Meter und eine starke Kronenentwicklung. Nicht zuletzt wegen des gravierenden Wurzelverlusts wurde die Krone 1983 um 30 % eingekürzt. Eine solche Maßnahme verringert das Missverhältnis zwischen gekapptem Wurzelbereich und Krone und verbessert die Überlebenschancen. 1994 war die letzte baumchirurgische Korrektur. Offensichtlich ist die Linde nicht kaputt zu kriegen und ihre Vitalität ist ungebrochen.

Die einzige „hohe Wart" dieses Wegabschnitts ist der Turm der Burgruine zu Hohenbodman und man sollte sich einen solchen ‚Höhepunkt' gönnen.

Hohenbodman liegt auf dem Molassebergland, das hier weit nach Süden reicht. Alle Bäche des Hinterlandes müssen diese Höhenstufe überwinden und graben sich tief in das weiche, sandige Molassegestein ein und bilden dabei die so genannten Tobel.

Das breite Waldband unter dem Turm von Hohenbodman verhüllt den etwa zwei Kilometer langen und etwa 100 Meter tiefen **Aachtobel**. Ein kurzer Abstecher bei den Berghöfen führt in einen Schluchtwald mit Berg-Ulmen, Sommerlinden, Berg-Ahornen und Eschen, wobei hangabwärts die Eschen dominieren, hangaufwärts starke Berg-Ahorne.

Ein zweiter Abstecher führt durch den unteren Tobelbereich - mit Nadelwald am Hang und Wiesen im Talgrund - auf die gegenüberliegende Seite zu einer Felswand im Molassegestein mit rieselndem Quellwasser und einer Waldkapelle. Es ist „Maria im Stein", ein einzigartiger Ort der Marienverehrung, dem die Legende ein hohes Alter zugesteht.

Buchenhochwald am Überlinger See

Stockach - Konstanz

Vom Überlinger See über den Bodanrück zum Untersee

Mit Stockach ist der Bodenseeraum erreicht, auch wenn man den See noch nicht sieht. Die Anhöhe der Lorettokapelle bietet eine Übersicht auf den neuen Landschaftsraum des Bodenseebeckens:

Mehrere tafelbergartige Rücken, die durch weite Talungen getrennt sind, bestimmen das Landschaftsbild. Diese Rücken sind Molasseberge, oftmals mit Moränenauflagen. Ein solcher Berg ist im Norden die Höhe mit der alten Nellenburg, ein zweiter liegt im Süden hinter der Autobahn und versperrt der Stockacher Aach den direkten Zugang zum See, die einen bequemeren Weg in Form eines alten Schmelzwassertals westlich um den Berg herum nimmt. Das Bodenseebecken ist das Land des Bodenseeobstes. Am Loretto beginnen die Obstanlagen, doch zunächst geht es durch den Wald über den Berg. Neben der Autobahn steht in Begleitung einer jüngeren Eiche die attraktive 350-jährige Schindwaseneiche mit fast kugeliger Krone und einem Stammumfang von rund fünf Metern.

Lorettokapelle von Stockach

Douglasie

Dem Buchenwald beigemengt sind schöne „Tannenbäume" mit dekorativer dunkelroter Borke. Es sind **Douglasien** (Pseudotsuga menzesii), die sowohl der Fichte als auch der Tanne ähneln, weshalb sie auch ‚Douglastanne' oder ‚Douglasfichte' heißen. Der attraktive Nadelbaum stammt aus Nordamerika und ist unter allen eingeführten Baumarten der wichtigste Forstbaum geworden und nimmt heute etwa 3% der Waldfläche in Baden-Württemberg ein. Douglasien sind raschwüchsig und kerzengerade. Das hochwertige Holz ist hart und widerstandsfähig und erinnert etwas an Lärchenholz. Die hübschen zimtbraunen Zapfen mit dreizipfligen Schuppen fallen als Ganzes ab. Benannt ist der Baum nach dem Pflanzenjäger und Botaniker Davis Douglas, der die Baumart auf seinen Streifzügen im Wilden Westen 1827 entdeckt hat.

Am **Spittelsberg** stehen einige bemerkenswerte schöne Nussbäume. Von dort bietet sich endlich auch der Blick auf den Überlinger See, den Bodanrücken, die Niederung der Aachmündung und auf den Ort **Bodman**.

Der kleine Ort war einmal Machtzentrum, sonst hätte er dem See nicht seinen Namen geben können: Die fränkisch-merowingische Macht konzentrierte sich im „Fiskus Bodman", aus dessen Besitz das Missionskloster Reichenau lässig mit ansehnlichen Gütern rund um den Untersee ausstattet werden konnte. Bodman wurde dann karolingische Pfalz, verlor aber bald seine Bedeutung und kam im 11. Jahrhundert in den Besitz der Herren von Bodman.

Die Niederung an der Aach ist nach Westen hin ein Zentrum des Erwerbsobstbaus. Die Niederstammbäume wachsen auf schwachwüchsigen Unterlagen und werden nie größer. Die Hagelnetzanlagen sehen zwar unschön aus, bieten aber Schutz bei Hagelunwettern. Äpfel mit vernarbten Hagelschäden lassen sich nicht als Tafelobst vermarkten und die Hagelkörner können auch das Holz der empfindlichen Bäumchen dauerhaft beschädigen. Die Einzäunungen schützen vor Wildschweinen, Hasen und Rehen. Zur Zeit der Baumblüte sind die Obstanlagen trotzdem sehr malerisch.

Am Rad- und Wanderweg zwischen Ludwigshafen und Bodman, am Ufer des Überlinger Sees und im Mündungsgebiet der Stockacher Aach lassen sich die einstigen Auwälder erahnen. Berühmt in diesem Naturschutzgebiet sind die alten Baumweiden, die im Abseits der Verkehrssicherungspflicht zu phantastischen Baumgestalten heranwachsen konnten.

Baumwiese

Obstanlage mit Hagelnetzanlage bei Bodman

Baumweiden an der Aachmündung

Bodman hat einen Schlossgarten, eine Grünanlage und anderweitig schöne Bäume, darunter ‚selbstverständlich' auch eine repräsentative Wellingtonie sowie bemerkenswerte alte Formbüsche im Paterre vor dem Schloss. Erwähnt sei nun endlich die Platane, die schon in Stockach und in Ludwigshafen als Straßenbaum in Erscheinung trat.

Platane in Espasingen

Eine rund 250 -270 Jahre alte Platane steht - von zwei verkehrsreichen Straßen hart bedrängt - in **Espasingen** am Brauereiplatz. Sie hat eine Höhe von 25 Metern, eine Kronenbreite von 26 Metern und einen Stammumfang von 5,70 Metern und hat als Schmuckbaum vor dem einstigen Bodman'schen Schloss schon bessere Zeiten gesehen. Sie hat den Umbau zur Brauerei mitgemacht, deren Brand überlebt, ihren Wiederaufbau überdauert und den Niedergang des Bauwerks klaglos begleitet. Dem Baum ist zu wünschen, dass ihm die Störche, die den alten Brauereikamin im Jahr 2009 zum Nistplatz auserkoren haben, eine glückliche Zukunft bringen mögen!

> Die **Platane** (Platanus hispanica = P. acerifolia) empfinden wir nicht als exotisch, seit sie der „Einheitsbaum der Städte" geworden ist. Dabei ist sie als Straßenbaum nicht sonderlich attraktiv, verbessert auch keineswegs das Stadtklima, denn ihr Staubfangvermögen ist minimal, aber sie ist schnellwüchsig! Platanen haben ahornähnlich gelappte Blätter und eine Schuppenborke, die in großen Platten abblättert und den Stamm in Grau- und Grüntönen gefleckt erscheinen lässt. Die kugeligen Fruchtstände bleiben bis in den Winter hinein hängen. Exotisch war die Platane noch am Ende des 18. Jahrhunderts, damals zog sie in die herrschaftlichen Landschaftsgärten und Alleen ein.

Der **Frauenberg** bietet einen phantastischen Ausblick auf den Überlinger See, nicht minder schön ist die gleich folgende Sicht auf den ganz anders gearteten Untersee und den schweizerischen Seerücken. Die steile Hangkante trennt den hinteren Bodanrücken, aus Molassegestein bestehend, vom vorderen, der niederer ist und ganz von glazialen Formen geprägt ist.

Vom Waldrand und den wärmeliebenden Heckenbiotopen geht es über magere Wiesen auf alten Ackerterrassen durch eine anmutige Landschaft hinab nach **Liggeringen**. Vor dem Untersee wartet noch ein besonderes landschaftliches Kleinod auf: Der **Mindelsee**. Um die offene Wasserfläche gruppiert sich ein Mosaik aus Wald, Schilfröhricht, Streuwiesen, Riedwiesen, Gräben, Torfstichresten und extensivem Weideland. Eine anmutige Landschaft ohne Verkehrslärm und ein Refugium für seltene Pflanzen und Tiere. Beim Durchwandern dieser Naturschönheit sollten wir uns klar werden, dass wir zur Wahrung der Schöpfung solche Refugien brauchen, auch wenn wir als Pilger die besonderen Tier- und Pflanzenarten nicht erfassen können. Nur die traditionelle, seit rund 1000 Jahren praktizierte extensive Bewirtschaftung, erhält den urtümlichen Charakter der Biotope und ihre Vielfalt. Das ‚Naturschutz-

Birkenallee am Mindelsee

Halbinsel Mettnau

gebiet Mindelsee' ist Vogelschutzgebiet und Fauna-Flora-Habitat-Zone nach dem europäischen Natura 2000 - Konzept. Die Pflege und Erhaltung der Lebensräume ist aufwändig und erfolgt in Kooperation von Verbänden und Behörden.

Naturschutzgebiete sind keine Touristikzentren, das wird von Politikern und Besuchern fälschlicherweise manchmal so verstanden. Sinnigerweise heißen sie nämlich Naturschutzgebiete und nicht Freizeitparks. Die touristische Nutzung eines Naturschutzgebiets führt sukzessiv zur Ruderalisierung und zum Hundeklo. Natürlich ist der Touristikdruck auf die wenigen kleinen Schutzgebiete im Land immens, weil die übrige Landschaft nicht nur überbaut und von Verkehrsanlagen zerschnitten ist, sondern zunehmend und unnötigerweise verschandelt wird.

Von **Markelfingen** geht es nach Konstanz über den Bodanrück, ein typisches Jungmoränengebiet, das vom Rheingletscher in der Würmeiszeit geformt und in der Nacheiszeit seine Ausgestaltung erfuhr. Ein Charakteristikum sind die so genannten Drumlins, das sind Geländebuckel, etwa 30 Meter lang und 100 Meter breit, unter dem Gletschereis geformt und in Strömungsrichtung angeordnet, also von Ost nach West. Drumlins sind meist unbewaldet und setzen lustige landschaftliche Akzente. Nacheiszeitlich wurden sie noch etwas herauspräpariert und dazwischen bildeten sich abflusslose Senken, die heute sumpfig und vermoort sind, sofern es sie noch gibt. Durch Entwässerung und Torfstich sind **im westlichen Bodenseegebiet** von 416 Mooren, die hier Riede heißen, rund 300 ganz verschwunden = 72 %, und vom Rest sind nur 36 Moore = 9 % ökologisch intakt! Eines davon ist das Bündtlisried, 15 Hektar groß, seine Wasserflächen entstanden durch den Torfabbau im 19. Jahrhundert. Der Blick vom Weg durch die Erlenbestände ist sehr reizvoll. Es ist ein bedeutendes Wasservogelgebiet.

Kirchenulme zu Allensbach

Allensbach besitzt mit seinen Lauben-Ulmen eine Baumrarität: Ulmen sind selten und diese aus der Mode gekommene Baumerziehung ebenfalls. Die Kirche ist wie andere am See eine Nikolauskirche, denn auch Allensbach lebte von der Schifffahrt. Es war der weltliche Teil der ‚heiligen' Reichenau, es war Markt- und Gerichtsort des Klosters. Begnadigungen wurden durch Glockenläuten über den See geschickt, wovon sich für diesen Teil des Untersees der Name ‚Gnadensee' herleiten soll.

Die **Reichenau**, Kloster-, Wein-, Gemüse-, Pappel- und Glashaus-Insel, ist mit der Fährlinie über den Gnadensee problemlos zu erreichen, was ganz der alten Annäherung über das Wasser entspräche, denn das heilige Kloster war ein Wasserkloster und die Klausur lag, entgegen der benediktinischen Gepflogenheit, auf der Nordseite am Seeufer. Die heutigen Hafenanlagen und alle Gebäude unterhalb des Marienmünsters stehen auf Aufschüttungen.

Die Abtei Reichenau ist durch Walahfrids Werk „De cultura hortorum" aufs Engste mit der abendländischen Gartenkultur verbunden. Es entstammt der Blütezeit

Pappelreihe auf der Reichenau

Linde auf der Ergat in Mittelzell

des Klosters, der karolingischen Renaissance, als hier auch der Klosterplan, eine Anleitung für baufreudige Äbte, entstand. Der Plan verzeichnet auch mehrere Gärten, darunter einen Baumgarten. Höchstwahrscheinlich gab es darin Kirschen, Birnen, Quitten, Mispeln und Apfelbäume. Walahfrid Strabo, Abt der Reichenau, ließ außer Heilkräutern auch Birnbäume kultivieren, und seine Kulturbirnen seien so groß gewesen, dass sie eine ganze Hand ausfüllten!

Die uralte **Mittelzeller Linde** auf dem Dorfplatz, der Ergat, ist der Torso einer hohlen Sommerlinde, mit kleiner Sekundärkrone, deren Alter auf 500 - 700 Jahre geschätzt wird. Mehrhundertjährige Linden sind für gewöhnlich hohl. Zerbricht eines Tages der Mantel des ausgehöhlten Stammes, so kann man mit Erstaunen bemerken, dass im Innern, von Verletzungsstellen ausgebrochener Äste ausgehend, richtige Stämme nach unten gewachsen sind, die nach Verlust der alten Krone sogar kleine neue Kronen bilden. Mittels dieser Schösslingslinden verjüngt sich eine Linde regelrecht von selbst und wirkt „unsterblich".

Am Bodenseeufer setzen immer wieder hohe **Säulenpappeln** starke Kompositionselemente in der Landschaft. Wenn sie aus der Weite der Wasserfläche auftauchen, betont ihre vertikale Erscheinung den Gegensatz des Ufers zur endlosen Seefläche. Es gab eine Unmenge davon, wahre ‚Pappelwände' waren es. Die Pappeln auf dem Inseldamm zur Reichenau, der erst 1830 aufgeschüttet wurde, geben noch einen Eindruck davon.

Das landschaftsgestalterische Bemühen, das hinter der Anpflanzung stand, war der erfolgreiche Versuch, einen Hauch von Arkadien am Bodensee zu schaffen. Der Impuls dazu ging von französischen Emigranten und Bonapartisten aus, die nach 1815 am thurgauischen Bodenseeufer Asyl gefunden hatten. Ihr Zentrum war Arenenberg, wo sich Hortense de Beauharnais mit ihrer Familie niedergelassen hatte. Die imperiale Monumentalität und die klassizistische Strenge dieser Bäume traf vortrefflich das Empfinden und den Geschmack des Empire, dem die Emigranten nachtrauerten.

Bodenseeufer

In Konstanz ist der Jakobsweg vorerst zu Ende. Es sind jetzt noch 2340 Kilometer bis Santiago de Compostela.

Der Jakobsweg oder Jakobusweg ist ein europäischer Kulturweg, ein spiritueller Wanderweg für alle, die sich der abendländischen Kultur verpflichtet fühlen. Es ist nicht allein ein katholischer Wallfahrtsweg. Unterwegs sind auch Leute mit einem diffusen Gottesbild und solche, die „eine intelligente Religion, eine Religion mit Verstand" suchen. Und so ist es ein recht heterogenes Völkchen, das da pilgert, was den Weg reich und spannend macht. Pilgern bedeutet Vielfalt und nicht Einheit und es ist viel zu faszinierend, um es allein den Frommen zu überlassen.

Literatur

Baum

Amann, G.: Bäume und Sträucher des Waldes. 16. Aufl., Augsburg, 1993.
Beuchert, M.: Symbolik der Pflanzen. Insel Verlag, 1995.
Bernatzky, A.: Baum und Mensch. Verlag Waldemar Kramer, Frankfurt, 1973.
Braun, B., **Konold**, W.: Kopfweiden. Verlag Regionalkultur, Ubstadt-Weiher, 1998.
Brunner, Michel: Bedeutende Linden. 400 Baumriesen Deutschlands. Haupt Verlag, Bern, 2007.
Degmair, J.: Alleen. Geschichte und Funktion – mit einem Blick auf Hohenlohe. Culterra 28. Schriftenreihe des Instituts für Landespflege der Albrecht-Ludwigs-Universität Freiburg, 2002.
Düll, R., **Kutzelnigg**, H.: Botanisch-ökologisches Exkursionstaschenbuch. 5. Aufl., Quelle und Meyer, Wiesbaden, 1994.
Eggmann, V., **Steiner**, B.: Baumzeit. 8. Aufl., Wird Verlag, Zürich, 1998.
Ellenberg, H.: Vegetation Mitteleuropas mit den Alpen in ökologischer Sicht. 4. Aufl., Ulmer, Stuttgart, 1986.
Feucht, O.: Ein Buch von der Schönheit des Baumes. Stuttgart, 1929.
Feucht, O.: Bäume in der Landschaft. Tübingen, 1922.
Fröhlich, H-J.: Wege zu alten Bäumen. Band 12 Baden-Württemberg. WDV-Wirtschaftsdienst, 1995.
Gräter, C.: Der Wald Immergrün. DRW, Leinfelden-Echterdingen, 1996.
Gräter, C.: Linde und Hag. DRW, Leinfelden-Echterdingen, 1997.
Halla, H.: Waldgänge eines passionierten Forstmannes. DRW, Leinfelden-Echterdingen, 1998.
Hockenjos, W.; Begegnung mit Bäumen. DRW-Verlag Stuttgart, 2. Aufl., 1979.
Höhler, G.: Die Bäume des Lebens: Baumsymbole in den Kulturen der Menschheit. DVA, Stuttgart, 1985.
Klein, L.: Bemerkenswerte Bäume im Großherzogtum Baden (Forstbotanisches Merkbuch). Heidelberg, 1908.
Kühn, S., **Ullrich**, B., **Kühn**, U.: Deutschlands alte Bäume. BLV, München, 2007.
Kurz, P., **Machatschek**, M.: Alleebäume. Wenn Bäume ins Holz, ins Laub und in die Frucht wachsen sollen. Grüne Reihe des Lebensministeriums, Band 16, Böhlau, Wien, 2008.
Mader, G., **Neubert-Mader**, L.: Bäume. Gestaltungsmittel in Garten, Landschaft und Städtebau. Komet, Köln, 2004.
Marzell, H.: Wörterbuch der deutschen Pflanzennamen, Bd. 1-4. Hirzel, Leipzig, Stuttgart, 1949 -1979.
Mattern, H.: Altes und Neues zum Schutz von Naturdenkmalen. Veröff. Naturschutz Landschaftspflege Bad.-Württ. 53/54 (1981).
Mattern, H., **Henn**, H.: Über die Bepflanzung von Aussiedlerhöfen in Südwestdeutschland. In: Veröffentlichungen der Landesstelle f. Naturschutz und Landschaftspflege Bad.-Württ. Heft 34, 1966.
Menth, G.: St. Kunigund auf dem Altenberg. Stadt Aub. Kunst und Geschichte Band I. Aubanusverlag, Wolfratshausen, 1985.
Müller, G.K., **Müller**, C.: Geheimnisse der Pflanzenwelt. Manuscriptum, Leipzig, 2003.
Reeg, Tatjana, **Mathias Brix**, **Manuel Olke**, **Werner Konold**: Baumlandschaften. Thorbecke, Sigmaringen, 2009.

Wittmann, R., Zwisseli, Jacob: Hofbäume. Ulmer, Stuttgart, 2008.
Schätze der Natur. Hrsg. Landratsamt Alb-Donau-Kreis.
Zehender, M., Weller, F.: Streuobstbau. Ulmer, Stuttgart, 2006.

Landschaft

Brauns, P.: Das Bodensee ABC. Von Aach bis Zeppelin. Thorbecke, Ostfildern, 2007.
Ende im Gelände. Lesebuch von Heiner Grub und Andreas Feldtkeller. Hrsg. Landesnaturschutzverband Baden-Württemberg e. V. , 2007.
Geyer, O. F., Gwinner, M.P.: Geologie von Baden-Württemberg. 3.Aufl., Stuttgart, 1986.
Gräter, C., Lusin, J.: Schlösser in Hohenlohe. Silberburg Verlag, 2005.
Küster, H.: Geschichte der Landschaft in Mitteleuropa. Verlag C.H.Beck, München, 1995.
Mattern, H.: Das Jagsttal von Crailsheim bis Dörzbach. Baier Verlag, Crailsheim, 1995.
Mattern, H.: Die historische Kulturlandschaft in Naturschutz und Landschaftspflege an Beispielen aus dem nördlichen Württemberg. Jh.Ges.Naturkunde.Württ. 154 (1998).
Pfündel, T., Walter, E., Müller, Theo: Die Pflanzenwelt der Schwäbischen Alb. Theiss, Stuttgart, 2005.
Pfündel, T., Walter, E.: Vom Taubertal zum Bodensee. Verlag Schwäbischer Albverein, Stuttgart, 2. Aufl., 1988.
Wieland, D., Bode, P.M., Disko, R.; Grün kaputt – Landschaft und Gärten der Deutschen. Raben Verlag, München, 1985.
250 Naturschutzgebiete im Regierungspräsidium Tübingen. Hrsg. Regierungspräsidium Tübingen. Thorbecke, Sigmaringen, 1995.
Die Naturschutzgebiete im Regierungsbezirk Freiburg. Thorbecke, Sigmaringen, 1998.

Jakobsweg und Jakobskult

Baierl, E., W. Dettling, P. Högler, J. Rebele: Auf dem Jakobsweg.
Von Würzburg über Rothenburg o.d.T. und Hohenberg nach Ulm. Seehars, Uffenheim, 1999.
Blum, J.: Jakobswege durch die Schweiz. Ott Verlag, Thun, 4. Aufl., 2001.
Faix, G., Reichert, F.: Eberhard im Bart und die Wallfahrt nach Jerusalem im späten Mittelalter. W. Kohlhammer Verlag, Stuttgart, 1998.
Girtler, R.: Irrweg Jakobsweg. Leykam, Graz, 2007.
Herbers, Klaus: Jakobsweg. Geschichte und Kultur einer Pilgerfahrt. Verlag C. H. Beck, 2. Aufl., München, 2007.
Lipp, W.: Der Weg nach Santiago. Jakobuswege in Süddeutschland. Süddeutsche Verlagsgesellschaft, 2. Aufl., Ulm, 1997.
Meyer, F.: Du stellst meine Füße auf weiten Raum. Jakobswege zwischen Neckar und Bodensee. Hegau-Bibliothek Band 14, 2007.
Meyer, W. W.: Jakobswege – Württemberg, Baden, Franken, Schweiz. Silberburg Verlag, Tübingen, 2009.
Schaber, S.: Der Jakobsweg. Nordwestpassage zur Welt des Geistes. Hanser Verlag, München, 2008.
Schönfeldt, S. Gräfin: Das große Ravensburger Buch der Feste und Bräuche. Otto Meier, Ravensburg, 1980.
Spahr, G.: Oberschwäbische Barockstraße I. Ulm bis Tettnang. 2. Aufl. Weingarten, 1979.

Baumregister

Allee	13, 51, 62ff., 94, 114, 119, 147, 221
Apfelbaum	151f., 158
Barbarazweige	181f
Baum des Jahres	97, 120, 125, 139, 147, 194
Baumnamen	123
Baumnüsse	173
Baumweiden	17f., 116, 190, 218, 220
Berg-Ahorn	139, 100
Berg-Ulme	64, 199, 216
Birke	38, 40, 51, 70f., 117ff., 126, 221
Birnbaum	44f., 159f., 157f.,
Blut-Buche	38f.
Buche	38f., 70, 78, 81f., 98, 100ff., 131f., 140, 194, 204f.
Buchs	11, 73, 207f.
Christbaum	68
Douglasie	71, 218
Eberesche	38, 40
Eibe	12
Eiche	26ff., 54ff., 66, 75, 145, 159f., 167ff., 194
Elsbeere	172
Erle	58
Faulbaum	69
Fichte	68, 71, 82
Gedenkbaum	186
Geleitete Linden	163f.
Hänge-Weide	108
Hainbuche	11, 28, 39, 70, 74, 162,
Heckengarten	73, 134
Hofbaum	33f., 57, 204
Holunder, Schwarzer	213f.
Kapellenbaum	24, 137
Kirschbaum	181f.
Kopfbaum	12, 22, 112f.,
Kopfweide	18, 180
Lärche	15, 71, 89, 209
Laubenulme	64, 223
Linde	22f., 26, 33ff., 39, 42, 54, 62, 69, 74, 88, 92, 100, 105f., 110. 127, 138, 160, 163f., 185., 215f., 224
Maibaum	47
Mammutbaum	siehe Wellingtonie
Maulbeerbaum	12, 161f.
Mehlbeere	98, 123, 199
Moorbirke	121
Platane	108, 159, 178. 220f.

Quitte	166
Robinie	108, 112f., 128
Rosskastanie	26, 114, 147f.
Rot-Buche	siehe Buche
Schneitelbaum	17, 74, 102
Schwarzerle	58
Schwarzkiefer	79, 89, 108
Schwarznuss	171, 175
Schwarzpappel	13, 26
Sommerlinde	24f. und siehe Linde
Speierling	185
Spitz-Ahorn	203f.
Stadtbaum	108, 178
Stiel-Eiche	56 und siehe eiche
Streuobstbau	43, 154, 156
Tag des Baumes	124f.
Trauben-Eiche	194
Vogelbeere	siehe Eberesche
Wacholder	97f., 208
Walnuss	33, 143f., 167, 173
Weidbuche	101f.
Weidfichte	104
Weinrebe	10f., 141, 179
Weißdorn	187f.
Weißtanne	195, 199
Wellingtonie	49f., 69, 75, 117, 140, 220
Weltenbaum	36
Wildkirsche	125, 181, 194f.
Winterlinde	24 und siehe Linde
Zwetschge	28f.
Zwieselbildung	48f.

Ortsregister

Adelmannsfelden	72	Hechingen	187
Allensbach	223	Heuchlingen	76
Altheim	207	Heudorf	207
Äpfingen	117	Hohenberg	60ff.
Aub	20	Hohenbodman	215f.
Bächlingen	67	Hohenstadt	73ff.
Backnang	177	Irndorf	204
Bad Waldsee	137	Ittendorf	145
Balingen	197	Konstanz	146f., 224
Bärenthal	204	Köpfingen	141
Bartholomä	85	Kühnhard	41f.
Bebenhausen	190	Laupertshausen	123f.
Bergatreute	139	Leuzenbronn	150
Bettenfeld	35	Liggeringen	221
Beuron	294	Lonsee	93
Billingsbach	156, 158	Ludwigshafen	218
Böhmenkirch	87	Ludwigsruhe	159f.
Breitenbach	145	Luizhausen	100
Brochenzell	142, 144	Mähringen	106
Buchheim	207	Markelfingen	222
Bürg	177	Mattenhaus	136
Burgerroth	21	Maulach	52
Burgstall	31ff,	Meersburg	146
Denkendorf	183, 196	Meßkirch	207
Dettingen	194	Metzholz	37
Dinnenried	138	Mindersdorf	211
Donaurieden	112	Murrhardt	175
Einsiedel, Hofgut	186f.	Muttensweiler	127
Ellwangen	66	Nesselbach	167f.
Eltershofen	168	Nusplingen	202
Endersbach	178	Oberdischingen	114f.
Engenreute	140	Oberspeltach	53
Erbach	110f.	Obersulmentingen	117
Erpfersweiler	156	Oellingen	20
Ersingen	117	Oppenweiler	177
Espasingen	220	Pommertsweiler	72
Ettlenschieß	92	Ravensburg	142
Gaukönigshofen	17	Reichenau	223f.
Grimmelfingen	110	Reubach	41
Gründelhardt	57	Rißtissen	117
Gussenstadt	90f.	Rittershausen	17f.
Gwigg	138	Rosenberg	60f.
Habelsee	27	Rosengarten	173
Hausen a. B.	38	Rothenburg o. T.	29, 32, 150

Scharenstetten	100, 102
Schorndorf	179
Schrozberg	155
Schwäbisch Hall	171
Sontbergen	92
Steinhausen	128f.
Steinsfeld	29
Stockach	217
Strümpfelbach	180
Temmenhausen	103f.
Tieringen	201f.
Tübingen	192
Tückelhausen	16
Tullau	192
Überlingen	215
Uffenheim	25
Ulm	107f.
Unterdigisheim	202
Untersulmentingen	117
Unterteuringen	144
Ursprung	96
Volkertshaus	137
Wald	209
Wallhausen	43f.
Weilstetten	199
Weingarten	141
Winnenden	178
Winterstettenstadt	132f.
Wolfenbrück	175
Wöllstein	72
Würzburg	10ff.
Zähringen	92f.

Dank

Viele Personen haben den Werdegang dieses Buches begleitet und zu seinem Entstehen beigetragen. Die Autorin bedankt sich ganz herzlich bei Herrn Siegfried Baier, ohne ihn wäre das Werk nicht zustande gekommen, ferner bei Brigitte Benedix für viele Gespräche und treue Wegbegleitung, bei Christine Allgäuer fürs unermüdliche Fotografieren und Mitwandern, bei Wolfgang Meyer für zahlreiche Literaturhinweise und bei meiner Tochter Dr. Franziska Nittinger für den schönen Buchtitel.

Weitere Unterstützung erfuhr das Werk durch die Herren Walter Seifert vom Landratsamt Ravensburg, Karl-Heinz Glöggler vom Landratsamt Alb-Donau-Kreis, Joachim Weidelener vom Landratsamt Biberach, Dieter Schwarz von der Stadt Ulm, Ralf Schanz vom Landratsamt Ravensburg, M. Messerschmidt vom Landratsamt Schwäbisch Hall, Helmut Wagner vom Landratsamt Heidenheim, Ulrich Lang vom Landratsamt Göppingen und Martin Zorzi vom Umweltamt Schwäbisch Hall.

Besonderer Dank gilt dem Landesamt für Geoinformation und Landesentwicklung Baden-Württemberg für die Bereitstellung der Karten mit den Routen der Jakobswege.

Für finanzielle Unterstützung danken Verlag und Autorin einer ungenannten Sponsorin und folgenden Personen, Institutionen und Kommunen:

Elsbeth Wanner, Schorndorf
Schutzgemeinschaft Deutscher Wald
Gemeinde Rosenberg
Gemeinde Nusplingen
Stadt Rothenburg o.T.
Gemeinde Abtsgmünd

Bildnachweis

Fotografien von Christine Allgäuer und Hilde Nittingert außer:
Seite 45, 60, 150 von Siegfried Baier

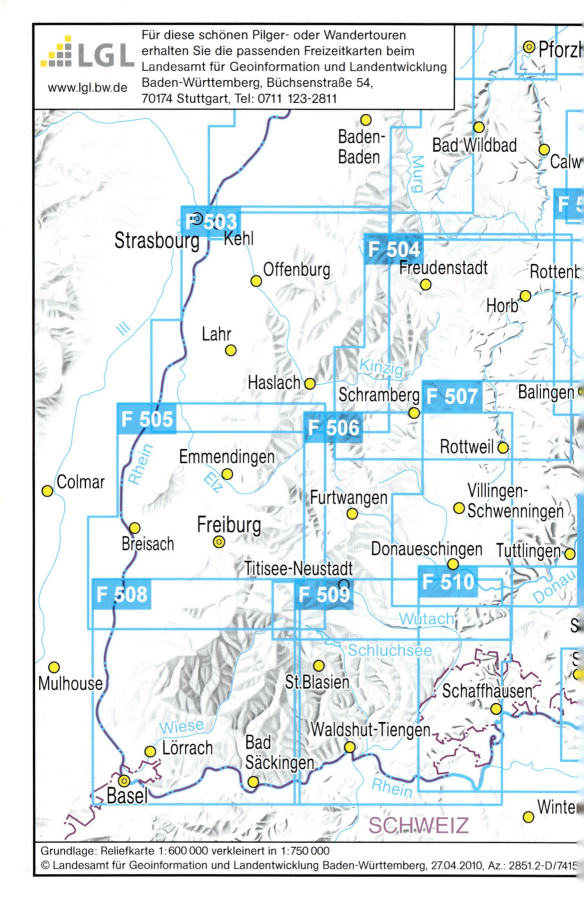